明永樂内府本四書集注大全

第八册

明 胡廣等撰

中國國家圖書館藏明永樂十三年内府刻本

山東人民出版社·濟南

孟子集註大全卷之三

公孫丑章句上

凡九章

公孫丑問曰夫子當路於齊管仲晏子之功可復許乎復扶又反

公孫丑孟子弟子齊人也當路居要地也管仲齊大夫名夷吾相去聲桓公霸諸侯許猶期也孟子未嘗得政丑蓋設辭以問也慶源輔氏曰此必丑初見孟子時事觀其語意恐孟子不敢以管晏自許是全未知孟子也○西山眞氏曰齊宣旣慕桓文丑復慕管晏蓋霸者功利之說深入人心已久故不惟時君慕之而學者亦慕之也

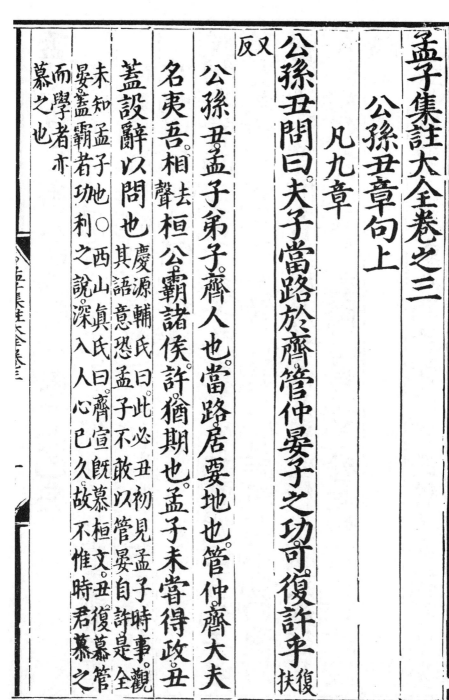

孟子曰。子誠齊人也。知管仲晏子而已矣

齊人但知其國有二子而已。不復扶又反知有聖賢之事

慶源輔氏曰。世衰道微。聖學不明。人不知有學問。則亦不復知有聖賢之事業。雖有英才美質。不覺溺於時俗之見聞而已。此齊人之所以但知其國之有二子也

或問乎曾西曰。吾子與子路孰賢。曾西蹵然曰。吾先子之所畏也。曰。然則吾子與管仲孰賢。曾西艴然不悅曰。爾何曾比予於管仲。管仲得君如彼其專也。行乎國政如彼其久也。功烈如彼其卑也。爾何曾比予於是 蹵子六反艴音拂又音勃曾並音增

孟子引曾西與或人問答如此。曾西。曾子之孫。蹵然不安

貌。先子曾子也。艴然色也。曾之言則也。烈猶光也。桓公獨任管仲四十餘年。是專且久也。管仲不知王道而行霸術。故言功烈之卑也。楊氏曰。孔子言子路之才曰千乘之國可使治其賦也。使其見形甸反於施爲如是而已。其於九合諸侯一正天下固有所不逮也。然則曾西推尊子路如此。而羞比管仲者何哉。譬之御者子路則範我馳驅而不獲者也。管仲之功詭遇而獲禽耳。曾西仲尼之徒也。故不道管仲之事

問聖人分明是大管仲之功。而孟子硬以爲卑如何。朱子曰。孟子是不肯做他底。是見他做得那規模來低

○慶源輔氏曰。楊氏斷置得極分明。子路之才視管仲誠爲不及。然子路之所學則聖人之道。其於管仲之事蓋有所不屑爲者。或曰。楊氏本說但云子路譬之御者。

則範我馳驅者若管仲蓋詭遇耳此則是以御而譬其所爲未說到功效上今集註增益之曰子路則範我馳驅而不獲者也管仲之功詭遇而獲禽耳則是并與功都說了然按孟子範我馳驅是一人不獲又是一人詭遇是一人獲禽又是一人今若作一人看則似以子路爲御之善而射未善然射御又非一人所能兼者恐不若只從其本說之爲得也曰非是之謂也集註之意蓋謂子路是範我馳驅而不遇王者故不獲管仲則詭遇以逢桓公之爲故得禽多耳○雙峯饒氏曰使王良善射者而御之則範我馳驅正所以獲禽卽詩所謂不得失其馳舍矢如破儻以孔孟之道而遇明主則治國平天下皆餘事耳

曰管仲曾西之所不爲也而子爲我願之乎子爲之爲去聲

曰孟子言也願望也

曰管仲以其君霸晏子以其君顯管仲晏子猶不足爲與與平聲

顯顯名也

曰以齊王由反手也王去聲由猶通

反手言易去聲也

曰若是則弟子之惑滋甚且以文王之德百年而後崩猶未洽於天下武王周公繼之然後大行今言王若易然則文王不足法與易去聲下同與平聲

滋益也文王九十七而崩言百年舉成數也禮記文王世子文王九十七而終

文王三分天下才有其二武王克商乃有天下

周公相去聲成王制禮作樂然後教化大行東陽許氏曰武王周公繼之然後大行此言周公制禮作樂之後雖殷之頑民莫不率化趨善之時也

曰文王何可當也由湯至於武丁賢聖之君六七作天下歸殷久矣久則難變也武丁朝諸侯有天下猶運之掌也紂之去武丁未久也其故家遺俗流風善政猶有存者又有微子微仲王子比干箕子膠鬲皆賢人也相與輔相之故久而後失之也尺地莫非其有也一民莫非其臣也然而文王猶方百里起是以難也朝音潮鬲音隔又音歷輔相之相去聲猶方之猶與由通

當猶敵也商自成湯至于武丁中間太甲太戊祖乙盤庚皆賢聖之君作起也自武丁至紂凡七世故家舊臣之家也雙峯饒氏曰故家舊臣遺俗舊民是說在下底流風之化善政之事是說在上底

齊人有言曰：雖有知慧，不如乘勢；雖有鎡基，不如待時。今時則易然也。知音智。鎡音兹。

鎡基，田器也。時，謂耕種之時。

夏后、殷、周之盛，地未有過千里者也，而齊有其地矣；雞鳴狗吠相聞，而達乎四境，而齊有其民矣。地不改辟矣，民不改聚矣，行仁政而王，莫之能禦也。辟與闢同。

此言其勢之易去聲也。三代盛時，王畿音祈不過千里。今齊已有之，異於文王之百里。又雞犬之聲相聞，自國都以至于四境，言居民稠密也。雙峯饒氏曰：勢是指事力而言。有地則有財，有民則有兵。地廣則財富，民衆則兵强。既富且强，所以舉事易。文王百里，地狹民少，所以難且王者之不作，未有疏於此時者也；民之憔悴於虐政，未有甚於此時者也。飢者易為食，渴者易為飲。

此言其時之易也。自文武至此七百餘年，異於商之賢聖繼作；民苦虐政之甚，異於紂之猶有善政。易為飲食，言飢渴之甚，不待甘美也。

孔子曰：德之流行，速於置郵而傳命。郵音尤

置，驛也。郵，馹音日也。新安陳氏曰：如漢五里一置。左傳楚子乘馹會師。○東陽許氏曰：字書馬遞曰置，步遞曰郵。漢西域傳因騎置以聞。師古曰：即今驛馬也。黃霸傳郵亭。師古曰：書舍謂傳送文書所止處，如今驛館。所以傳命也。孟子引孔子之言如此。雙峯饒氏曰：德之流行，即是應前面文王之德底德字。蓋德是本，全靠時勢不得。有智慧而後可以乘勢，有鎡基而後可以待時。若無德，

雖有時勢何以行之

當今之時萬乘之國行仁政民之悅之猶解倒懸也故事半古之人功必倍之惟此時爲然乘去聲

倒懸諭困苦也所施之事半於古人而功倍於古人由時勢易而德行速也問孟子既畀管仲使孟子當管仲之時則如之何雙峯饒氏曰亦只是合諸侯以尊周室但孟子則眞能使王室尊安而諸侯各循王度管仲不過假尊周之名以蓋其攫諸侯之實其所爲實文武之罪人也王霸之分只在誠僞孔子作春秋亦不過欲諸侯尊周室循周制而已○新安陳氏曰丑並論管晏孟子只及管仲而不及晏蓋晏之事功又在管之下不必言也晏事景公政在陳氏晏未嘗當齊政也晏才不及管而其人稍正於管其人無可譏其事無可言此孟子所以置晏不言而專及管歟

○公孫丑問曰夫子加齊之卿相得行道焉雖由此霸王

不異矣。如此則動心否乎。孟子曰否。我四十不動心相去聲

此承上章又設問孟子若得位而行道。則雖由此而成霸王之業亦不足怪。任大責重如此。亦有所恐懼疑惑而動其心乎。雙峯饒氏曰。集註恐懼疑惑四字雖是說心之所以動。然恐懼字是爲下文養氣張本。疑惑字是爲下文知言張本。要之不疑惑。然後能不恐懼。故集註論心之動則以恐懼居先。論心之所以不動則又以無所疑惑居先。四十彊仕。君子道明德立之時。孔子四十而不惑。亦不動心之謂。朱子曰。盡心知性無所疑惑。動皆合義無所畏怯。雖當盛位行大道亦沛然行其所無事而已。何心動之有。易所謂不疑其所行者蓋如此。而孔子之不惑。亦其事也。公孫丑非謂孟子以卿相富貴動其心。謂霸王事大。恐孟子擔當不過。有所疑懼而動其心耳。不知霸王當甚閑事。○雙峯饒氏曰。道明屬知言。德立屬養氣。○陵陽李氏曰。明則不疑。立則不懼。然未有不明而能立者。故知言養

氣雖二事並進而其序必以知言為先孔子不惑則自不動矣○雲峯胡氏曰孔子四十而不惑在三十而立之後德立而道明誠而明者也孟子所以四十不動心者先知言而後養氣道明而後德立明而誠者也○東陽許氏曰疑懼即是動心處集註却言有所恐懼疑惑而動其心以疑懼又在動心之外者蓋心本虛靈靜一能明天下之理者此也足以應天下之事亦此也今理有所不能明而疑事有所不能應而懼然則疑懼乃動心之目心因疑懼而動而疑懼非心之所動也

曰若是則夫子過孟賁遠矣曰是不難告子先我不動心

賁音奔

孟賁勇士賁齊人能生拔牛角秦武好多力士賁往歸之告子名不害孟賁血氣之勇丑蓋借之以贊孟子不動心之難孟子言告子未為知道乃能先我不動心則此未足為難也朱子曰孟子是

義精理明。天下之物不足以動其心。告子之不動心。是硬把定。是麄法强制而能不動。非若孟子酬酢萬變而不動也。○南軒張氏曰。孟子以集義爲本。告子則以義爲外。故在孟子則心體周流。人欲不萌。而物各止其所者也。在告子則心制其欲。專固凝滯而能不動者也。○慶源輔氏曰。告子外義。未爲知道。然未四十時已能不動心。其不動心又先於孟子。以此觀之。則不動心未足爲難。可知也。○新安陳氏曰。告子强制其心而不動。孟子有定見有定力而自然心不動。此處孟子亦姑借告子以淺說耳

曰。不動心有道乎。曰。有。

程子曰。心有主。則能不動矣。新安陳氏曰。有主二字包得闊。下文黝舍曾孟皆是有主。但有精粗之分

北宮黝之養勇也。不膚撓。不目逃。思以一毫挫於人。若撻之於市朝。不受於褐寬博。亦不受於萬乘之君。視刺萬乘

之君。若刺褐夫。無嚴諸侯。惡聲至。必反之。黝伊糾反撓奴效反朝音潮乘去聲

北宮姓。黝名。膚撓。肌膚被刺而撓屈也。目逃。目被刺而轉睛逃避也。挫。猶辱也。褐。毛布。以毳織布。寬博。寬大之衣。賤者之服也。不受者。不受其挫也。刺。殺也。嚴。畏憚也。言無可畏憚之諸侯也。黝蓋刺客之流。以必勝爲主而不動心者也。慶源輔氏曰。集註云黝蓋刺客之流。以其言所謂視刺萬乘之君若刺褐夫而知之也。以必勝爲主。亦以其言而知之。惟其心以必勝人爲主。故無有尊貴視之一如匹夫。不受其挫。必反報之。○雙峯饒氏曰。惡聲必反。不專謂諸侯。於褐寬博萬乘皆然。○東陽許氏曰。一毫挫於人。謂所辱者至小也。不受者必報之也。不惟必報於賤者。雖貴者亦必報之。惡聲至必反之。謂不惟辱來必報。雖言小不善亦必報也

孟施舍之所養勇也，曰：「視不勝猶勝也。量敵而後進，慮勝而後會，是畏三軍者也。舍豈能爲必勝哉？能無懼而已矣。」舍去聲，下同。

孟，姓。施，發語聲。舍，名也。會，合戰也。舍自言其戰雖不勝，亦無所懼。若量敵慮勝而後進戰，則是無勇而畏三軍矣。舍蓋力戰之士，以無懼爲主，而不動心者也。朱子曰：量力慮勝，是畏三軍者。此舍譏別人。舍自云我則能無懼而已。問：施，發語聲。曰：此古註說，後面只稱舍可見。問：有何例可按？曰：如孟之反、舟之僑、尹公之他之類。○慶源輔氏曰：註云舍蓋力戰之士，亦以其言而知之也。惟其心以無懼爲主，故不問其徒之衆寡，我之勝否，遇敵則戰也。○新安陳氏曰：黝、舍皆以心有主而能不動，一則主於必勝，一則主於無懼，蓋是麄猛之不動心。孟子此處且敷演粗說。○東陽許氏曰：黝、舍不動心，本又在告子之

下。公孫丑又以孟賁比孟子。故孟子亦以勇士之類言之

孟施舍似曾子，北宮黝似子夏。夫二子之勇，未知其孰賢，然而孟施舍守約也。夫音扶

黝務敵人，舍專守己。慶源輔氏曰：黝務敵人，謂專以必勝於人爲主也。舍專守己，謂專以我無所懼爲主也。子夏篤信聖人，曾子反求諸己。問子夏篤信聖人。朱子曰：這箇雖無事實，但看他言語，如日知其所亡，月無忘其所能，博學而篤志，切問而近思，看他此處，又把孟子比宮黝來比，便見他篤信聖人處。○雙峯饒氏曰：曾子反求諸己，便是聖人與他說話，他也未敢便以爲然，必要求諸己以審其理而後信。子夏篤信聖人，則以聖人之言爲必可信，不問說得是與未是便信了。故二子之與曾子子夏雖非等倫，然論其氣象則各有所似。賢猶勝也。約，要也。言論二子之勇，則未知誰勝；論其所

守則舍比於黝爲得其要也問如何是孟施舍守約處。朱子曰。北宮黝便勝人。孟施舍却只是能無懼而已矣。如曰視不勝猶勝也。此是孟施舍自言其勇如此。孟子言此二子之勇。未知其孰勝。但孟施舍所守得其要也。蓋不論其勇之孰勝。但論其守之孰約。且二子之似曾子子夏。直以其守氣養勇之分量淺深爲有所似耳。豈以其德哉。○雙峯饒氏曰。孟施舍取必於己。其氣象似曾子之反求諸己。北宮黝取必於人。其氣象似子夏之篤信聖人。此是論二子之勇有所似。非論其是非等級也。然將二子所守來比量。則孟施舍守其在我者爲得其所守之要耳。○凡言守約不是守這約。約要也。言所守者得其要也。守得其約。則守字活。言守定這約。則守字死了。

昔者曾子謂子襄曰。子好勇乎。吾嘗聞大勇於夫子矣。自反而不縮。雖褐寬博。吾不惴焉。自反而縮。雖千萬人。吾往矣好去聲。惴之瑞反。

此言曾子之勇也子襄曾子弟子也夫子孔子也縮直
也檀弓曰古者冠縮縫今也衡縫又曰棺束縮二衡三
衡與橫同引二說證縮爲直惴恐懼之也往往而敵之也朱子曰儀禮禮記多
有縮字每與衡字作對下文直養之說蓋本於此乃一
章大指所繫不可失也○自反縮與不縮所以不動只
在方寸之間若仰不愧俯不怍看如何大利害皆不足
以易之若有一毫不直則此心便索然黝舍是不畏死
而不動心告子是不認義理而不動心曾子是自反而
縮而不動心○雙峯饒氏曰縮不縮指理言不惴吾往
指氣言理者氣之主理直則氣壯理曲則氣餒吾之理
不直雖一夫之賤亦爲之屈吾之理直雖千萬人之衆
在所必伸孟子因丑有過孟賁之語所以先說黝舍然
後說歸曾子來○魯齋王氏曰朱子云孟子養氣之論
孔子已道了曰內省不疚夫何憂何懼愚謂與此正相
表裏自反則內省也直則不疚矣雖千萬人吾往不憂
不懼也○新安陳氏曰此曾子之大勇以義理之直爲
主而不動心者也孟子之論至此始精細下文至大至

剛以直養而無害之說。蓋自此自反而縮發之也。

孟施舍之守氣，又不如曾子之守約也。

言孟施舍雖似曾子，然其所守乃一身之氣，又不如曾子之反身循理，所守尤得其要也。孟子之不動心，其原蓋出於此，下文詳之。朱子曰：孟子說曾子謂子襄一段已自盡了，只爲公孫丑問得無了期，故後面有許多說話。此一段爲被他轉換問所以答得亦周匝，然就前段看，語脉氣象雖無後截，亦自可見前一截已自具得後面許多意思足。○守約只是所守之約，言北宮黝之守氣不似孟施舍守氣之約，孟施舍之守氣，又不如曾子所守之約也。孟施舍就氣上做工夫，曾子就理上做工夫。○慶源輔氏曰：論舍之氣象雖大略有似於曾子，然舍之所守不過是一身之血氣，固未嘗反之於心，以自顧其直與不直也。其視曾子之自反以縮不縮爲勇怯，則其所守之要，非舍之所能知，所可比也。反身謂自反，循理謂直。○雙峯饒氏曰：或問孟

子之不動心。如何原於曾子。曰。浩然之氣便是大勇。以直養便是自反而縮。行有不慊於心則餒。便是自反而不縮

曰。敢問夫子之不動心與告子之不動心可得聞與。告子曰。不得於言勿求於心。不得於心勿求於氣。不得於心勿求於氣可。不得於言勿求於心不可。夫志氣之帥也。氣體之充也。夫志至焉。氣次焉。故曰持其志無暴其氣。聞與之與平聲夫志之夫音扶

此一節公孫丑之問。孟子誦告子之言。又斷丁亂反以下同己意而告之也。告子謂於言有所不達則當舍上聲置其言而不必反求其理於心。於心有所不安則當力制其

心而不必更求其助於氣。此所以固守其心而不動之速也。速，謂年未四十。○朱子曰：告子之意，以爲言語之失，當直求之於言，而不足以動吾之心；念慮之失，當直求之於心，而不必更求之於氣。蓋其天資剛勁，有過人者，力能堅忍固執，以守其一偏之見，所以學雖不正，而能先孟子不動心也。觀其論性數章，理屈詞窮，則屢變其說以取勝，終不能從容反覆，審思明辨，因其所言之失，而反之於心，以求至當之歸，此其不得於言而不求諸心之驗也。○告子只去守箇心得定，都不管外面，是亦得，不是亦得。孟子之意，謂是心有所失，則見於言，如肝病見於目相似。孟子既誦其言而斷之曰：彼謂不得於心而勿求諸氣者，急於本而緩其末，猶之可也。慶源輔氏曰：不得於心，勿求於氣，可。氣固有時而能動其心，然心之不正，則未必皆氣使之。大抵心是本，氣是末。故程子亦曰：人必有仁義之心，然後有仁義之氣，睟然達於外。此不得於心勿求諸氣，所以爲急於本而緩其末。猶之可也，猶言尚爲可也。謂不得於言而不求諸心則既失於外而遂遺其內。其不可也必矣。朱子曰。以下文觀之。氣亦能反動其心。則勿求於氣之說亦未爲盡善。但心動氣之時多。氣動心之時少。故孟子取其彼善於此而已。至於言則雖發於口而實出於心。內有蔽陷離窮之病。則外有詖淫邪遁之失。不得於言而每求諸心則其察理日益精矣。孟子所以知言養氣以爲不動心之本者。用此道也。而告子反之。是徒見言之發於外而不知其出於中。不知言便不知義。所以外義也。其害理深矣。故斷然以爲不可。於此可見告子之不動心所以異於孟子。而亦豈能終不動哉。然凡曰可者亦僅可而有所未盡之辭耳。若論其極則志固心之所之而爲氣之將去聲帥。然氣亦人之所以充滿於身而爲志之卒徒者也。慶源輔氏曰。心有知而氣無知。雖云氣一則能動志。然大抵是氣隨心動。故以志爲氣之將帥。氣從志所使。猶卒徒之聽命於將帥也。不言心而言志者。志者心之動而有所之處也。但志則就其動處言。故尤切耳。下文又言是氣也而反動其心。亦可見矣。心無形而氣有質。雖云心爲本氣爲末。然人之所以充滿其身而不至餒之者。實賴氣爲志之卒徒也。志而無氣則志無所使。亦由將帥而無卒徒則亦虛名而已。○新安陳氏曰。呂與叔克己銘云志以爲帥氣爲卒徒。此蓋就帥字上生出卒徒字

故志固爲至極而氣即次之。人固當敬守其志。然亦不可不致養其氣。蓋其內外本末交相培養。此則孟子之心所以未嘗必其不動而自然不動之大略也

潛室陳氏曰。集註謂致養其氣即無暴。氣發得暴失養故也。必言致者見養氣之難。須以集義爲本。又無正忘助長之弊。方爲能致養也。○雲峯胡氏曰。集註於持志謂守其志可也。必曰敬守其志。添入一敬字最有意。蓋孟子養氣之功在集義。而所以集義者在敬。敬義夾持。方爲成德之事。或疑兩言字不同。告子不得於言。己之言也。孟子知言。天下之言也。愚嘗應之曰。理一而已。告子於己之言且不能反求其理。如何能於天下之言而求其理。孟子於天下之言能究極其理。則於己之言可知也。○新安陳氏曰。下文知言養

氣其根已安於此。告子不得於言，即不求其理於心，是不知言也。不得於心，即不求其助於氣，是不養氣也。孟子告子其不動心之名雖同，而其所以不動心之本則相反而全不同者在此。

既曰志至焉，氣次焉，又曰持其志，無暴其氣者，何也？曰：志壹則動氣，氣壹則動志也。今夫蹶者趨者，是氣也，而反動其心。夫音扶

公孫丑見孟子言志至而氣次，故問如此則專持其志可矣，又言無暴其氣何也？壹，專一也。蹶，姑衛反，又音厥。顛躓，音至。也。趨，走也。孟子言志之所向專一，則氣固從之；然氣之所在專一，則志亦反爲之動。慶源輔氏曰：志者心之所之，故可言向；氣則做出來底，便是，不可以向言，只得下在字。下文云氣專在是，兩在字相照應，察理精矣。如人顛躓趨走，

則氣專在是而反動其心焉所以既持其志而又必無暴其氣也。程子曰。志動氣者什九。氣動志者什一程子曰。告子不得於言。勿求於心。蓋不知義在內也。志帥氣也。持定其志無暴亂其氣。兩事也。志專一則動氣。氣專一則動志。然志動氣爲多。且若志專在淫辟。豈不動氣。氣專在喜怒。豈不動志。故蹶者趨者反動其心○朱子曰。爲告子將氣說得太低了。故說志最緊要。氣亦不可緩。故曰志至氣次。持其志無暴其氣。是兩邊做工夫。志即是心之所向。而今欲做一件事。這便是志。持其志便是養心。不是持志外別有箇養心。如喜怒。若當喜也須喜。當怒也須怒。這便是持志。若喜得過分。一向喜。怒得過分一向怒。則氣便暴了。志却反爲所動。蹶趨是氣也。他心本不曾動。只忽然喫一跌。氣打一暴。則其心便動了○問蹶趨反動其心。若是志養得堅定。莫須蹶趨亦不能動得否。曰。人之奔走。如何心不動。曰。蹶趨多遇於猝然不虞之際。所以易得動心。曰。是○問在車聞鸞和。行鳴佩玉。皆所以無暴其氣。今既無此。不知如何而爲無暴。曰。凡人多動作。多語笑。做力所不及底事。且如只行得五十里。却硬要行百里。皆是暴其氣。學者須事事節約莫教過當。此便是養氣之道。志動氣。是源頭濁者。故下流亦濁也。氣動志者。却是下流壅而不泄反濁了上面也。○問程氏遺書云志一動則動氣氣一動則動志。外書云志專一則動氣氣專一則動志。二說孰是。曰。此必一日之語。學者同聽之而所記各有淺深。類多如此。志一動則動氣氣一動則動志。此言未說一動氣動志。而先言志動氣動氣動反添一動字了。固不若後說所記得其本旨。蓋曰志專一固可動氣。而氣專一亦可以動其志也。○問持志養氣之爲交養何也。曰。持志所以直其內。無暴所以防於外兩者各致其功而無所偏廢。則志正而氣自完氣完而志益正。其於存養之功且將無一息之不存矣。○問養氣次第功夫。內外是交盡。不可靠自己。自守其志便謂無事。氣纔不得其平。志亦不得其安。故孟子以蹶趨形容之。告子所謂不得於心勿求於氣是未爲全論程子所以言氣動志者什一。正謂是爾。曰然。兩者相夾著。方始德不孤。○雙峯饒氏曰。志帥也。氣卒徒也。如周亞夫軍中夜驚。亞夫堅卧不起。不起固是帥之定處。然設或被他驚不已。自家如何睡得安。於此見持其志又不可不養其氣。○君子所以足容重。手容恭。聲容靜。氣容肅。行中鸞和。步中采齊。皆是要無暴其氣。○新安陳氏曰。前言心與氣。忽又變心言志者。蓋心以全體言。志以心之動而有所向處言。欲致持之之功。則就其動而有所向處用力。若心則不可言持矣。故志字尤切。後云氣壹即動志。即以是氣也而反動其心證之可見。動其心即是動志矣。程子什九什一之說。蓋言志動氣之時多。十中常有九。所以志爲至。氣動志之時少。十中亦有一。所以氣亦次焉也

敢問夫子惡乎長。曰。我知言。我善養吾浩然之氣。惡平聲

公孫丑復扶又反問孟子之不動心所以異於告子如此者。有何所長而能然。而孟子又詳告之以其故也。知言者。盡心知性。於凡天下之言無不有以究極其理。而識其是非得失之所以然也。朱子曰。知言便是窮理。不先窮理見得是非。如何養得氣。須是道義一一審處得是。其氣方充大。○孟子論浩然之氣一段。緊要全在知言上。所以大學許多工夫全在

格物致知。格物則能知言。誠意則能養氣。○知言養氣雖是兩事。其實相關。正如致知格物正心誠意之類。若知言。便見得是非邪正義理昭然。此浩然之氣自生。○知是知得此理。告子便不理會。故以義爲外。○雲峯胡氏曰。論語亦曰不知言無以知人。但論語爲初學而言。故集註但曰言之得失可以知人之邪正。孟子則自言也。故集註釋之比論語尤詳且重。論語之知言爲知人之端。入德之事。孟子之知言爲養氣之本。成德之事

浩然盛大流行之貌。氣即所謂體之充者。本自浩然。失養故餒。惟孟子爲善養之以復其初也。朱子曰。浩然之氣乃指其本來體段而言。○酬酢應接舉皆合義。則俯仰並無愧怍。故其氣自然盛大流行。○慶源輔氏曰。盛大言其體。流行言其用。才怯小則便非氣之本體。才鬱塞則便非氣之本用。氣即天地之氣。而人之所以充滿其身者。其本然之體用自是浩然。由失其養。故餒乏而不充乎體。○雙峯饒氏曰。孟子之言善養氣。是以成德言。非是說做工夫。下文必有事焉而勿正以下。卻是說養氣做工夫處○雲峯胡氏曰。集註章句言復其初者凡三。論語謂人

之性其初本善。學者當明善以復其初。大學謂人之心其初本自光明。學者當明之以復其初。此言人之氣其初本自盛大流行。惟孟子能善養之以復其初。然非學以復此心此性之初者。未必能復此氣之初也。故孟子養氣先之以知言。

蓋惟知言則有以明夫音扶下同道義而於天下之事無所疑。養氣則有以配夫道義而於天下之事無所懼。此其所以當大任而不動心也。

慶源輔氏曰。集註疑懼二字以應此章第一節註文疑惑恐懼四字也。道體也。義用也。言道義以該體用也。知言則於道義究極無餘。一事來則以一理應之。夫復何疑之有。養氣則於道義襯貼得起。勇猛果決而不留行。夫復何懼之有。○雙峯饒氏曰。浩然之氣。即達德中之勇。不動心即是勇者不懼。添一箇知言。即是智者不惑。○雲峯胡氏曰。章首公孫丑問動心。集註以爲有所恐懼疑惑。先懼而後疑者。懼者心之動。疑者心之所由以動也。恐懼二字於動字最切。而疑惑二字已蘊知言之意。此則釋知言養氣二句。故先疑而後懼。○東陽許氏曰。知言則盡心知性。萬理洞然。何所疑惑養氣則動皆合義遇事即行何有畏怯二者既全何能動心告子之學與此正相反其不動心殆亦冥然無覺悍然不顧而已爾問知言養氣之說朱子曰孟子之不動心知言以開其前故無所疑養氣以培其後故無所懾如智勇之將勝敗之形得失之算判然於胸中而熊虎貔貅百萬之衆又皆望其旌旄聽其金鼓爲之赴湯蹈火有死無二是以千里轉戰所向無前其視告子之不動心正猶勇夫悍卒初無制勝料敵之謀又無蚍蜉蟻子之援徒恃其勇而挺身以赴敵也其下爲人所擒者特幸而已告子之學他雖無所考證然以孟子此章之言反覆求之亦曉然可見矣先引告子之言以張本於前後言己之所長以著明於後令以其同者而比之則告子所不得之言即孟子所知之言告子所勿求之氣即孟子所養之氣也以其異者而反之則告子之所以失即孟子之所以得孟子之所以得即告子之所以失也是其彼此之相形前後之相應固有不待安排而不可移易者○慶源輔氏曰孟子能知人言之是非告子乃自以其言爲外而不復考孟子善養其氣而告子乃以氣爲末而不知求此所謂正

相反也其不動心者不過是硬把定其心冥冥然都無知覺於一切事皆漠然與之扞格而不顧耳亦豈能終不動哉然其所以能不動者亦幸而已○新安陳氏曰冥然無覺則不能無疑悍然不顧非眞能無懼也

敢問何謂浩然之氣曰難言也

孟子先言知言而丑先問養氣者承上文方論志氣而言也難言者蓋其心所獨得而無形聲之驗有未易(去聲)以言語形容者故程子曰觀此一言則孟子之實有是氣可知矣

問浩然之氣與血氣如何朱子曰只是一氣義理附于其中則爲浩然之氣不由義理而發則只爲血氣然人所稟氣亦自不同有稟得盛者則爲人强壯隨分亦有立作使之做事亦隨分做得出若稟得衰者則委靡巽懦都不解有所立作唯是養成浩然之氣則却與天地爲一更無限量○孟子先說知言後說養氣而公孫丑先問氣者向來只爲他承上文先論志氣而言也今看來不然乃是公孫丑會問處留得

知言在後面問者。蓋知言是末後合尖上事。如大學說正心誠意只合殺在致知在格物一句。蓋是用功夫起頭處

其爲氣也至大至剛以直養而無害則塞于天地之間

至大。初無限量。去聲至剛不可屈撓。女巧女教二反蓋天地之正氣而人得以生者其體段本如是也。慶源輔氏曰。初無限量便是盛大。不可屈撓便是流行。即所謂浩然之氣也。不言用者。舉體則足以該之矣

惟其自反而縮新安陳氏曰。照應本章上文釋之。以直之直字即是上文縮字意則得其所養而又無所作爲以害之則其本體不虧而充塞無間去聲矣。新安陳氏曰。充塞彌滿乎天地之間。而無有間斷之者矣○程子曰。浩然之氣難識。須要識得。當行不歉於心之時。自然有此氣象○問伊川於至大至剛以直點句。先生却於剛字點句。朱子曰。若於直字點句。則養字全無骨力○至大

至剛氣之本體。以直養而無害是用功處。塞于天地之間。乃是效也。○問他書不說養氣。只孟子言之何故。曰這源流便在那箇心廣體胖。內省不疚。夫何憂何懼處來。大抵只是一氣。又不是別將箇甚底去養他。但集義便是養氣。知言便是知得這義。人能仰不愧俯不怍時。看這氣自是浩然塞乎天地之間。○纔說浩然。便有剛果意思。如長江大河浩浩然而來也。富貴貧賤威武不能淫移屈之類。皆低。不可以語此。丑本意只是設問孟子能擔當得此樣大事否。故孟子所答只說許多剛勇。故說出浩然之氣。只就問答本文看之。便見子細。○魯齋王氏曰。此所謂其爲氣也氣之體。下文所謂其爲氣也氣之用

程子曰。天人一也。更不分別。必列切浩然之氣乃吾氣也。養而無害則塞乎天地。一爲私意所蔽則欿音坎然而餒。知其小也。謝氏曰。浩然之氣須於心得其正時識取。又曰。浩然是無虧欠時

朱子曰。天地之氣無處不到。無處不透。是他氣剛。雖金石也透過去。人便是稟得這箇氣無無欠闕。所以程子曰

天人一也。更不分别。浩然之氣乃吾氣也。○問浩然之氣是稟得底否。曰。只是這箇氣。若不曾養得。剛底便粗暴。弱底便衰怯。○問孟子說浩然之氣。却不分稟賦清濁說。曰。此章孟子之意不是說氣稟。只因說不動心。衮說到這處。似今人說氣魄相似。有這氣魄便做得這事。無氣魄便做不得。○慶源輔氏曰。浩然之氣本是天地之正氣。然天人一理。故孟子更不分別。直以爲己之氣也。養而無害。則全其本體而塞乎天地。若不務集義而所爲一有私意遮隔了。則便不流行而欿然餒乏不足以充乎一身。而失其正大之體也。○雙峯饒氏曰。人得天地之氣以生。天地之氣如此剛大。人之氣亦合如此剛大。其所以不能如此者。不善養之故也。程子曰。人與天地一氣也。人特自小耳。且如文武一怒而安天下之民。也只是這氣做出來。他底却與天地一般様至大至剛。只是善養故耳。○雲峯胡氏曰。此氣是天地之正氣。心得其正。便是不失其所得於天地之正者。○東陽許氏曰。此氣本得於天。故至大至剛。剛大天之體段也。聖人生知安行無非直道。不假乎養。衆人知不明。自害其剛大。故須直以養之。直即義也。塞天地。言其效也。

其爲氣也配義與道無是餒也餒奴罪反

配者合而有助之意。慶源輔氏曰此意本於李先生曰配是襯貼起來朱子謂襯貼二字說配字極親切蓋道義是虛底物本自孤單得這氣襯貼起來便張大無所不達今人做事亦有合於道義者若無此氣則只是一箇衰颯底人李先生又曰氣與道義一衮出來朱子謂一衮出來說得道理好孟子分明說配義與道不是兩物相補貼只是一衮發出來故朱子説此意而就配字說出此句蓋已極於精切矣○雙峯饒氏曰合而有助譬如妻之配夫以此合彼而有助於彼者也蓋理氣不相離氣以理爲主理以氣爲輔夫凡人不能爲善爲是無那氣來襯貼有那氣來襯貼起做得定是有力○雲峯胡氏曰所謂合即延平所謂一衮出來之意所謂助即延平所謂襯貼起來之意也義者人心之裁制道者天理之自然餒飢乏而氣不充體也言人能養成此氣則其氣合乎道義而爲之助使其行之勇決無所疑憚若無此氣則其一時所爲雖未必不出於道義然其體有所不充則亦不免於疑懼而不足以有爲矣新安陳氏曰疑憚疑懼四字仍應前註文疑惑恐懼字意憚即恐懼也○程子曰浩然之氣天地之正氣大則無所不在剛則無所屈以直道順理養而無害則塞乎天地之間有少私意即是氣虧無不義便是集義有私意便是餒○率氣在志養氣在直內有私意則餒無不義則浩然○朱子曰道義別而言則道是物我公共自然之理義即吾心之能斷制者所用以處此理者也○道是舉體統而言義是就此一事所處而言如父當慈子當孝君當仁臣當敬此義也所以孝慈所以仁敬則道也故後面只說集義○道義是公共無形影底物事氣是自家身上底自家若無這氣則道義自道義氣自氣如何助得他○兩箇其爲氣也至大至剛是說此氣之體段配義與道是說此氣可將如此用是說氣之功用○或問何以言氣之配義與道也曰道體也義用也二者皆理也形而上者也氣也者器也形而下者也以本體言之則有是理而後有是氣氣而理之所以行又因氣以爲質也以人言之則

必明道集義，然後能生浩然之氣，而義與道又因是氣而後得以行焉。蓋三者雖有上下體用之殊，然其渾合而無間也乃如此。苟不知所以養而有以害之，則理自理，氣自氣，其浩然而充者且將爲慊然之餒矣。或略知道義之爲貴而欲恃之而有爲，亦且散漫蕭索而不能以自振矣。○雙峯饒氏曰：浩然之氣全靠道義在裏面做骨子，無這道義，氣便軟弱。蓋緣有是理而後有是氣，理是氣之主。如天地二五之精氣，以有太極在裏面做主，所以他底常恁地浩然。

是集義所生者，非義襲而取之也。行有不慊於心，則餒矣。我故曰，告子未嘗知義，以其外之也。慊，口簟反，又口劫反。

集義，猶言積善，蓋欲事事皆合於義也。襲，掩取也，如齊侯襲莒音舉之襲。春秋襄公二十三年秋，齊侯伐晉。冬，齊侯襲莒。註：輕行掩其不備曰襲。因伐晉還襲莒。○輕，遣政反。言氣雖可以配乎道義，而其養之之始，乃由事皆合義，自反常直，是以無所愧怍，而此氣自然發生於中。非由只行一事偶合於義，便可掩襲於外而得之也。朱子曰。直只是無私曲。集義只是事事上皆直。仰不愧於天，俯不怍於人。便是浩然之氣。而今只將自家心體驗到那無私曲處。自然有此氣象。○以直養是自反而縮。集義是以直養。然此工夫須積漸集義，自然生此浩然之氣。不是行一二件合義底事，能搏取浩然之氣也。集義是歲月積久之功。襲取是一朝一夕之事，從而掩取，終非己有也○此上三句本是說氣。下兩句是字與非字對，襲字與生字對。其意蓋曰此氣乃集義而自生於中。非行義而襲取之於外云爾○生字正與取字對。生是自裏面生出。取是自外面取來○義襲是於一事之義，勇而爲之，以壯吾氣。然無生底道理。只是些客氣耳。不久則消矣慊，快也，足也。言所行一有不合於義而自反不直。則不足於心而其體有所不充矣。然則義豈在外哉。朱子曰。孟子許多論氣，只在集義所生一句上。

二一九五

只是件件合宜。無一事不求箇是。自然積得多。則胷中仰不愧俯不怍。纔有些子不合道理。心下便不足。○新安陳氏曰。集義則浩然之氣生。行有不合義而心不慊則此氣餒。可見義在內非由外矣

告子不知此理。乃曰仁內義外。而不復扶又反以義爲事。則必不能集義以生浩然之氣矣。上文不得於言勿求於心。即外義之意。詳見形甸反告子上篇

問配義與道是氣助道義而行。又曰集義所生是氣又自集義而生。朱子曰。初下工夫時。集義然後生浩然之氣。氣已養成。又却助他道義而行。○告子之病。蓋不知心之慊處。即是義之所安。其不慊處。即是不合於義。故直以義爲外而不求。○告子直是將義屛除去。只就心上理會。因舉陸子靜云讀書講求義理。正是告子義外工夫。某曰不然。如子靜不讀書。不求義理。只靜坐澄心。却是告子外義。○雙峯饒氏曰。先說氣配義與道。後說集義而不及道者。蓋道是體。義是用。浩然之氣有體有用。其體配道。其用配義。故曰配義與道。其體用一也。言用則體在其中。體上無做工夫處。故只說集義。○二

餒字之分無是餒也是無氣則道義餒行有不慊則餒是無道義則氣餒所指不同蓋二者相資論其用則道義非氣無以行論其體則氣非道義無以生○新安陳氏曰二是字亦不同無是餒也此是字指浩然之氣言是集義所生此是字正與下句非字相呼喚猶言是如此非如彼耳○雲峯胡氏曰集義即是以直養義襲而取之即是有所作爲以害之集註訓慊字與大學音義同自慊則心廣體胖不慊則餒餒字正與廣字胖字相反集註訓以直養則曰自反而縮此則言自反常直自反不直見得孟子養氣之論正自夫子所謂自反而縮來也

必有事焉而勿正心勿忘勿助長也無若宋人然宋人有閔其苗之不長而揠之者芒芒然歸謂其人曰今日病矣予助苗長矣其子趨而往視之苗則槁矣天下之不助苗長者寡矣以爲無益而舍之者不耘苗者也助之長者揠

苗者也。非徒無益而又害之。長上聲。揠烏八反。舍上聲。

必有事焉而勿正。趙氏程子以七字爲句。極是。近世或并下文心字讀之者亦通。必有事焉。有所事也。如有事於顓臾之有事。問必有事焉當用敬否。程子曰。敬只是涵養一事。必有事焉。須當集義。只知用敬。不知集義。却是都無事也。又問義莫是中理否。曰。中理在事。義在心內。苟不主義。浩然之氣從何而生。○朱子曰。集義是養氣之丹頭。必有事是集義之火法。必有事焉。言養氣者必以集義爲事。須要把做事去做。如主敬也。須把做事去主。如求放心也。須把做事去求。正。預期也。春秋傳曰戰不正勝是也。公羊傳僖公二十六年。夏齊人伐我北鄙。公子遂如楚乞師。乞者何。卑辭也。曷爲以外內同若辭。重師也。曷爲重師。師出不正反。戰不正勝也。不正者。不期也。反。復也。勝。捷也。如作正心。義亦同。此與大學之所謂正心者語意自不同也。此言養氣者必以集義爲事而勿預期其效其或未充則但當勿忘其所有事而不可作爲以助其長乃集義養氣之節度也閔憂也揠拔也芒芒無知之貌其人家人也病疲倦也舍之而不耘者忘其所有事揠而助之長者正之不得而妄有作爲者也然不耘則失養而已揠則反以害之無是二者則氣得其養而無所害矣朱子曰勿正勿待也勿忘勿忘以集義爲事也助長待之不至而拔之使長也正者等待期望之意如一邊集義一邊在此等待那氣生等來等去却便去助長氣未至於浩然便作起令張王謂已剛毅無所屈撓便要發揮去做事便是助長必有事焉勿忘是論集義工夫勿正勿助長是論氣之本體上添一件物事不得不要等待不要催促○論集義所生則義爲主論配義與道則氣爲主一向都欲以義爲主故失之○人能集義以養其浩然之氣故事物之來自有

以應之不可萌一期待之心少間待之不得則必出於私意有所作爲而逆其天理矣是助之長也今人之於物苟施種植之功至於日至之時則自然成熟若方種而待其必長不長則從而拔之其逆天害物也甚矣○養氣一章在不動心不動心在勇勇在氣氣在集義勿忘勿助長又是那集義底節度若告子則更不理會言之得失事之是非氣之有平有不平只是硬制壓那心使不得動恰如說打硬修行一般○問此氣是稟得天地底來是集義方生曰本自浩然被人自少時壞了今當集義方能生曰有人不知集義合下便恁地剛勇是如何曰此只是麤氣便是黜舍之勇亦終有餒時此章須從頭節節看來看去首尾貫通見得活方是不可只略涉獵說得去便了○南軒張氏曰勿助長者待其自充不可强使之充也此爲循天理之當然而不以人爲加之然欲不忘則近於助長欲不助長則或忘之二者之間守之爲難學者多知忘之爲害不知助長之爲害尤甚故引揠苗爲喻閔苗之不長猶憂氣之未充也揠以助長猶作其氣而使之充也或曰二程多以必有事焉爲有事乎敬而孟子則主於集義有異乎曰無以異也孟子所謂持志即敬之道也非持其志其能以集義乎

敬義蓋相須而成者也○雙峯饒氏曰有事勿忘是說以直養勿正勿助是說養而無害必有事焉而勿忘勿助長是集義工夫正而助長是要義襲而取集義義襲兩句乃是一段骨子以集義爲無益而忘之者不耘苗者也以義襲爲心預期其效而助長者揠苗者也惟其是集義所生者故當必有事焉心勿忘惟其非義襲而取之故當勿正勿助長以直養而無害是養之之正道集義所生是養之之成功有事勿忘是做工夫處○前說持志無暴氣是兩事後說養氣不及持志言集義則持志在其中今日集義明日又集義則此志全在義上有事勿忘念念在集義上忘便是不能持其志助長便是暴其氣○問天下之不助苗長者寡矣其意何謂曰此是說天下之人平時不能養其氣者皆是臨時助長以暴其氣也似浩然卻不是自家集義所生底故作長作消易盈易縮適足以戕賊其氣而已不特養氣不可助長凡事皆不可助長如看書未通不能潛心玩索而强探力索之類皆是助長○雲峯胡氏曰必有事焉是念念必合乎義而無一念之不義也事事必合乎義而無一事之不義也謂之有事是集義之外無他事謂之必有事是此事之外無他念也但必於此者每有所期

於彼。必而勿正則先事後得。集義之心始無間斷。期之不得者。又易忘其所有事。勿正而不忘。則集義之心愈無間斷。正忘助三字相因。皆是爲害。助之害愈甚。大抵必有事是集義。是以直養。正忘助。是義襲。是害。所以孟子始曰無害。終曰害之。孟子論養氣工夫是一正一反。集註亦是一正一反。論以直養。正說。曰自反常直。反說曰自反不直。論害之。正說曰。不可作爲以助其長。又反說曰正之不得而妄有作爲。前後相應。學者當字字體認

如告子不能集義而欲彊上聲制其心則必不能免於正助之病。其於所謂浩然者。蓋不惟不善養而又害之矣

慶源輔氏曰。集義而不忘其所事。則氣得其養。勿正而不妄作爲。則氣無所害。如此。則日引月長。而充塞天地之體。沛然流行之用。將不期然而然矣。又曰。所謂揠而反害之者。正指告子而言

何謂知言。曰。詖辭知其所蔽。淫辭知其所陷。邪辭知其所離。遁辭知其所窮。生於其心。害於其政。發於其政。害於其

事聖人復起必從吾言矣詖皮寄反復扶又反

此公孫丑復扶又反問而孟子答之也詖偏陂甲義反也淫放蕩也邪邪僻也遁逃避也四者相因言之病也蔽遮隔也陷沈俗作沉非溺也離叛去也窮困屈也四者亦相因則心之失也人之有言皆出於心其心明乎正理而無蔽然後其言平正通達而無病苟爲不然則必有是四者之病矣朱子曰詖淫邪遁蔽陷離窮四者相因心有所蔽只見一邊不見一邊如楊氏爲我墨氏兼愛各只見一邊故其辭詖詖是偏陂此理本平正他只說得一邊字凡從皮皆是一邊意如跛是脚一長一短坡是山一邊斜蔽則陷陷深入之義也是身陷在那裏如陷溺於水只見水不見岸了故其辭放蕩而過說得過遮浩翰繞恁地陷入深了於是一向背却正路開去愈遠遂與正路相離了故其辭邪既離去了正路他那物

二二〇三

事不成物事。畢竟用不得。遂至於窮。窮是說不去了。故其辭遁。遁是既離後走脚底話。如楊子本是不拔一毛以利天下。却說天下非一毛所能利。夷子本說愛無差等。却說施由親始。佛氏本無父母。却說父母經。皆是遁辭。○問楊墨似詖。莊列似淫。儀秦似邪。佛似遁。曰不必如此分別。有則四者俱有。其序自如此。○此一章專以知言爲主。若不知言。則自以爲義而未必是義。自以爲直而未必是直。是非且莫辨矣。然說知言。又只說知詖淫邪遁四者。蓋天下事只有一箇是與不是而已。若辨得那不是底。則便識得那是底了。然非見得道理十分分明。則不能辨得親切。且如集義皆是見得道理分明。則動靜去處皆循道理。無非集義也。○蔡氏曰。知言則善惡邪正皆當知之。此之所知。獨詖淫邪遁之辭。何也。蓋孟子之時。楊墨之言盈天下。正人心息邪說。莫此爲急。故曰楊墨之道不息。孔子之道不著。此其意也。○慶源輔氏曰。言形於外。故以病言。心存於中。故以失言。○雙峯饒氏曰。詖淫邪遁雖是四件。却只是兩件。詖淫屬陽。邪遁屬陰。蓋詖尚有一邊是道理。邪則并這一邊亦離了。淫是詖之深。遁是邪之極。如楊墨初以爲我兼愛爲仁義。雖非仁義之全體。猶自見得仁義之一偏。其終也至於無父無君。則其離仁義也遠矣。天下道理好底四件。不好底亦四件。元亨利貞仁義禮智是好底。詖淫邪遁意必固我是不好底。好底相因。不好底亦相因。元亨利貞起於元。仁義禮智起於仁。意必固我起於意。詖淫邪遁起於詖。當看四箇所字。如看病相似。詖淫邪遁是病證。蔽陷離窮是病源。所蔽所陷所離所窮是病源之所在。墨氏之蔽在於見仁而不見義。楊氏之蔽在於見義而不見仁。其蔽雖同。而所以蔽則異。孟子知言如明醫然。纔見病證便說病源在何處。欲治蔽陷離窮之病。在先去其蔽。無所蔽便無下面三件。蔽之源不一。有爲氣稟所蔽。有爲物欲所蔽。有爲學術所蔽。有爲習俗所蔽。問。去蔽之道當如何。曰。孔子嘗謂六言六蔽皆基於不好學。欲去蔽者當自好聖賢之學始。○雲峯胡氏曰。集註釋我知言。曰識其是非得失之所以然。此所謂言之病者其然也。所謂心之失者即所以然也。特上文泛指天下之言。故兼是非得失而知之。此則似指告子之言。故專於其失者而知之也。○新安倪氏曰。集註既釋蔽陷離窮四者。而下文則曰其心明乎正理而無蔽。然後其言平正通達而無病。又提出蔽之一字者。蓋四者之失。必起於蔽。饒氏謂無所蔽便無下面三件。亦其深得集註之意者歟即其言之病而知其心之失又知其害於政事之決然而不可易者如此非心通於道而無疑於天下之理其孰能之問孟子知言處說生於其心害於其政先政而後事闢楊墨處說作於其心害於其事先事而後政朱子曰先事而後政是自微而至著先政而後事是自大綱而至節目○慶源輔氏曰孟子之所以能知言也因其言之病而知其心之失是即其用而知其體也又知其害於政事之決然而不可易者如此是據其始而知其終也非心與理一其於天下之事如燭照數計略無所疑者何能如是哉不然則知其用者或不知其體見其始者或不見其終者有矣○雙峯饒氏曰政者事之大體事者政之條目心纔不正到處有害政事皆心之所發於大體既有害則小者可知故曰發於其政害於其事後篇說作於其事害於其政是條目上既有害則大者亦可知○雲峯胡氏曰所謂害者皆指異端之害而言詖淫邪遁之言即異端之言也其害或先政而後事或先事而後政但言無大無小無不有害不必拘先後也彼告子者

不得於言而不肯求之於心。至爲義外之說。則自不免於四者之病。其何以知天下之言而無所疑哉。新安陳氏曰。集註於養氣知言兩節皆解上告子身上。以終前不得於言至勿求於心不可之說程子曰。心通乎道。然後能辨是非。如持權衡以較音教輕重。孟子所謂知言是也。又曰。孟子知言。正如人在堂上。方能辨堂下人曲直。新安陳氏曰。此言必有超於衆人之見。然後能知衆人之言也。若猶未免雜於堂下衆人之中。則不能辨決矣。問程子之說。莫直是喻心通於道者否。朱子曰。此只是言見識高似他。方能辨他是非得失。若見識與他一般。如何解辨得他。○雙峯饒氏曰。知言當如何用功。程子心通乎道之說。便是發明知言之要。亦須格物上做來。道便是箇權衡。以道觀人。如持權衡以較輕重。無有能逃之者。知言便是知道。孟子不欲以知道自謂。所以只說知言。告子以義爲外。所以只取必於口。全不反求諸心。如杞柳之說。孟子闢之。則又移爲湍水之說。第一說用不得。又換第二說。是之謂遁辭。○新安陳氏曰。此章甚長。頭緒頗多。其要旨未易究也。知言養氣下集註標出綱領。而未及所以能知言養氣之本。朱子與郭沖卿帖云。孟子之學。蓋以窮理集義爲始。不動心爲效。蓋惟窮理爲能知言。惟集義爲能養氣。理明而無所疑。氣充而無所懼。故能當大任而不動心。考於本章次第可見矣。此章要指。惟此帖盡之而無餘蘊。集義故能養氣。孟子所已言。窮理故能知言。孟子所未言。心通乎道而無疑於天下之理。程子固言之。而提綱挈領以示後學。未有如朱子此帖之明的周備者也。明理以知言。知之之事。集義以養氣。行之之事。不出乎知行二者而已。此章雖未終於此。而正意止於此

宰我子貢善爲說辭。冉牛閔子顔淵善言德行。孔子兼之。曰我於辭命則不能也。然則夫子既聖矣乎行去聲

此一節林氏以爲皆公孫丑之問是也林氏名之奇。字少穎。三山人

說辭言語也。說如字或讀如稅者非德行得於心而見形甸反於行事者也。三子善言德行者身有之故言之親切而有味也。公孫丑言數子各有所長而孔子兼之然猶自謂不能於辭命。今孟子乃自謂我能知言又善養氣則是兼言語德行而有之。然則豈不既聖矣乎。此夫子指孟子也。問善爲說辭則於德行或有所未至。善言德行則所言皆其自己分上事也。朱子曰。得之。○慶源輔氏曰。知言則在我在人一也。知其如此。則於言語辭命何患不能。養氣自集義生。豈非德行乎。○程子曰。孔子自謂不能於辭命者欲使學者務本而已雲峯胡氏曰此以後因公孫丑提出一聖字爲問故專發明一聖字

曰。惡是何言也。昔者子貢問於孔子曰。夫子聖矣乎。孔子

曰聖則吾不能。我學不厭。而敎不倦也。子貢曰。學不厭智也。敎不倦仁也。仁且智。夫子既聖矣。夫聖。孔子不居。是何言也。惡平聲。夫聖之夫音扶

惡。驚歎辭也。昔者以下。孟子不敢當丑之言。而引孔子子貢問答之辭以告之也。此夫子指孔子也。學不厭者。智之所以自明。敎不倦者。仁之所以及物。再言是何言也。以深拒之。朱子曰。中庸成己仁也。是體。成物智也。是用。此學不厭智也。是體。敎不倦仁也。是用。○潛室陳氏曰。仁智互爲體用。義精仁熟之後。道理縱看橫看皆可。智爲體則仁爲用。仁爲體則智爲用。○雙峯饒氏曰。不厭不倦。須粘上聖字說。言學聖人之道而不厭。又以聖人之道敎人而不倦。○子貢此言與中庸不同。詳見中庸第二十五章章句或問輯釋論之

昔者竊聞之子夏子游子張皆有聖人之一體冉牛閔子顏淵則具體而微敢問所安

此一節林氏亦以爲皆公孫丑之問是也一體猶一肢也具體而微謂有其全體但未廣耳安處上聲下同也公孫丑復扶又反問孟子既不敢比孔子則於此數子欲何所處也朱子曰聖人道大而能博如游夏得其文學子張得其威儀皆一體也惟顏淵冉閔氣質不偏理義完具獨能具有聖人之全體但未若聖人之大而化之無限量之可言故以爲具體而微耳

曰姑舍是舍上聲

孟子言且置是者不欲以數子所至者自處也陵陽李氏曰問如集註之說則孟子猶有不足於顏子歟天台潘氏曰孟子之志願學孔子是誠有不足於顏子者蓋非不足

於顏子以顏子不幸短命而未至於聖人之域前輩云纔遜第一等事與別人做便是自棄古人之志大率如此然立志之後須要力行以酬其志不可徒有此志也

曰伯夷伊尹何如曰不同道非其君不事非其民不使治則進亂則退伯夷也何事非君何使非民治亦進亂亦進伊尹也可以仕則仕可以止則止可以久則久可以速則速孔子也皆古聖人也吾未能有行焉乃所願則學孔子也治去聲

伯夷孤竹君之長上聲子兄弟遜國避紂隱居聞文王之德而歸之及武王伐紂去而餓死伊尹有莘之處上聲士湯聘而用之使之就桀桀不能用復歸於湯如是者五

乃相去聲湯而伐桀也。三聖人事詳見形甸反此篇之末及萬章下篇。會齋王氏曰：乃所願則學孔子，後四段蓋在此句。○雲峯胡氏曰：孟子以顏子具聖人之體而未極其大，故欲學其大者；以伯夷伊尹有聖人之德而未極其全，故欲學其全者。故此以下則專言夫子之聖。

伯夷伊尹於孔子若是班乎？曰：否。自有生民以來，未有孔子也。

班，齊等之貌。公孫丑問，而孟子答之以不同也。

曰：然則有同與？曰：有。得百里之地而君之，皆能以朝諸侯，有天下。行一不義，殺一不辜而得天下，皆不爲也。是則同。

與，平聲。朝，音潮。

有言有同也。以百里而王去聲天下，德之盛也。行一不義，

殺一不辜而得天下，有所不爲，心之正也。問伯夷伊尹之行一不義，

殺一不辜而得天下，有所不爲，何以言之也。朱子曰：以其遜國而逃，諫伐而餓，非道義一介不取與觀之，則可

見矣。○魯齋王氏曰：此亦是聖人之所以爲聖人。其根自反而不縮，所以不爲也。

本節目之大者，惟在於此。於此不同，則亦不足爲聖人

矣。新安陳氏曰：上文德之盛，根本之大也。心之正，節目之大也。大根本節目同而小處不同，皆可以言聖人。

若大處不同，則大本已非，吾何以觀之哉。

曰：「敢問其所以異。」曰：「宰我、子貢、有若，智足以知聖人，汙不

至阿其所好。汙音蛙。好，去聲。

汙，下也。三子智足以知夫子之道，假使汙下，必不阿私

所好而空譽平聲之。明其言之可信也。朱子曰。汙是汙下不平處。或是當時方言。當屬下句讀。○慶源輔氏曰。智足以知聖人。則其智識高明矣。阿私所好而空譽之。則其識趣汙下矣。高明與汙下正相反。高明則不必至汙下矣。反覆極言之。以明三子之言必可信耳。

宰我曰。以予觀於夫子。賢於堯舜遠矣。

程子曰。語聖則不異。事功則有異。夫子賢於堯舜。語事功也。蓋堯舜治天下。夫子又推其道以垂教萬世。堯舜之道。非得孔子。則後世亦何所據哉。問夫子賢於堯舜。有論宰我此言之失者。南軒張氏曰。殊不思孟子引宰我此言爲甚。曰。遺書謂語聖則不異。事功則有異。曰。便是這箇意思。五峯云。成一時之勲業有限。開萬世之道學無窮。亦是此意。○慶源輔氏曰。語聖則不異。以其德言也。事功則有異。就其所爲事與成功而言也。堯舜治天下。夫子又推其道以垂教萬世。此言事功久遠之不同也。堯舜之道非得孔子則後世亦何所據哉。此言事功始終成就之不同也○新安陳氏曰。後世聖賢之君不作。異端漸熾。苟非得孔子祖述堯舜以詔後世。則無所據依以入堯舜之道矣。輔氏有言當時若無孔子。令人連堯舜也不識。由此言之。則孔子爲天地立心。爲生民立命。爲往聖繼絶學。爲萬世開太平。其功業豈不賢於堯舜遠哉。宰予此言可謂深知孔子。其得在言語之科宜矣。此孟子所以表而出之於子貢有若之言之先也歟

子貢曰。見其禮而知其政。聞其樂而知其德。由百世之後。等百世之王。莫之能違也。自生民以來。未有夫子也

言大凡見人之禮則可以知其政。聞人之樂則可以知其德。是以我從百世之後。差楚宜反等百世之王。無有能遁其情者。新安陳氏曰。差等猶言品第。情實也。以見禮知政。聞樂知德二句鑒之。皆不能逃於洞察之下而見其皆莫若夫子之盛也問見其禮而知其政。聞其樂而知其德。是謂夫

子是謂他人。朱子曰：只是大槩如此說。子貢之意蓋言見人之禮便可知其政，聞人之樂便可知其德。所謂由百世之後等百世之王，莫有能違我之見者，所以斷然謂自生民以來未有孔子。此子貢以其所見而知夫子之聖如此也。一說夫子見人之禮而知其政，聞人之樂而知其德，由百世之後等百世之王，莫有能逃夫子之見者，此子貢所以知其爲生民以來未有也。然不如前說之順。

有若曰：豈惟民哉？麒麟之於走獸，鳳凰之於飛鳥，泰山之於丘垤，河海之於行潦，類也。聖人之於民，亦類也。出於其類，拔乎其萃，自生民以來，未有盛於孔子也。垤，大結反。潦，音老。

麒麟，毛蟲之長。上聲，下同。鳳凰，羽蟲之長。垤，蟻封也。行潦，道上無源之水也。出，高出也。拔，特起也。特挺然孤特也。萃，聚也。衆所聚之中。言自古聖人固皆異於衆人。新安陳氏曰：此聖人字是況說從古以來之聖人然未有如孔子之尤盛者也○程子曰孟子此章擴前聖所未發指養氣與知言而言也學者所宜潛心而玩索色栢反也雙峯饒氏曰孟子要學聖人故於子游子夏子張冉牛閔子顏淵皆曰姑舍是伯夷伊尹雖是古聖人然伯夷偏於清伊尹偏於任不若孔子之時中故曰乃所願則學孔子解孟子與解論語不同論語章句短孟子章句長須要識他全章大指所在又須看教前後血脉貫通而後可○雲峯胡氏曰公孫丑疑孟子動心孟子遂極言養氣知言之功公孫丑疑其知言養氣之既聖孟子遂極言夫子之聖之盛要之夫子之聖不假乎養氣知言孟子之養氣知言乃學而至聖者也前則深斥告子闢異端也後則推尊孔子承聖道也前後之言若不相貫而實相貫學者味之

○孟子曰以力假仁者霸霸必有大國以德行仁者王王不待大湯以七十里文王以百里

力謂土地甲兵之力假仁者本無是心而借其事以爲功者也霸若齊桓晉文是也以德行仁則自吾之得於心者推之無適而非仁也朱子曰以德行仁德非止謂有救民於水火之誠心這德字說得來闊是自己身上事都做得來是無一不備了所以行出來便是仁且如湯不邇聲色不殖貨利至彰信兆民是先有前面底方能彰信兆民救民水火之中若無前面底雖欲救民不可得也武王亶聰明作元后是亶聰明方能作元后救民水火之中若無這亶聰明雖欲救民其道何由○行仁便自仁中行出皆仁之德若假仁便是恃其甲兵之强財賦之多須有如是資力方可服人是假仁之名以欺其衆非有仁之實也○以力假仁仁與力是兩箇以德行仁仁便是德德便是仁○雙峯饒氏曰或引包茅不入昭王不復是假仁曰此是假義不是假仁請問假仁曰救民仁也尊君義也湯放桀武伐紂以救民爲主其事屬仁齊問罪於楚以尊周爲主其事屬義孟子不說假義却說假仁蓋仁包五常言仁則義在其中如伐原示信大蒐示禮皆是假仁

處

以力服人者非心服也力不贍也以德服人者中心悅而誠服也如七十子之服孔子也詩云自西自東自南自北無思不服此之謂也

贍時驗反足也詩大雅文王有聲之篇王霸之心誠僞不同故人所以應之者其不同亦如此 慶源輔氏曰以力假仁者僞也假而行之終非己有非僞而何以德行仁者誠也所謂誠者成己成物者也己以僞感人人以僞應己以誠感人人以誠應如形聲影響之相隨蓋不容於有異也 ○鄒氏曰鄒氏名浩字志完毗陵人以力服人者有意於服人而人不敢不服以德服人者無意於服人而人不能不服從古以來論王霸者多矣未有若此

章之深切而著明者也問王霸之別朱子曰以力假仁者不知仁之在己而假之也以德行仁則其仁在我而惟所行矣以執轅濤塗責侵曹伐衛之事而視夫東征西怨虞芮質成者則人心之服與不服可見若七十子之從孔子至於流離飢餓而不去此又非有名位勢力以驅之也孟子眞可謂長於譬喻也○慶源輔氏曰鄒氏以有意無意釋力與德字最爲簡要然其所謂無意者非如木石之無意者無期必之私意耳若夫正心脩身之道則自有不可已者至論自古論王霸未有如是之深切著明者亦爲得之其視董子羨王碱砆之喻荀子降禮尊賢重法愛民與夫曰粹曰駁諸說皆爲優矣○新安陳氏曰王道純乎天理霸之假雜以人欲崇王道黜霸功亦擴天理遏人欲也

○孟子曰仁則榮不仁則辱今惡辱而居不仁是猶惡濕而居下也惡去聲下同

好去聲榮惡辱人之常情然徒惡之而不去上聲其得之之

道不能免也朱子曰此亦只是爲下等人言若是上等人他豈以榮辱之故而後行仁哉○蔡氏曰程子易比卦彖傳曰且得他畏危亡之禍而求所以比輔其民猶勝於全不顧者此章近之

如惡之莫如貴德而尊士賢者在位能者在職國家閒暇及是時明其政刑雖大國必畏之矣閒音閑

此因其惡辱之情而進之以彊上聲仁之事也新安倪氏曰禮記表記云畏罪者彊仁謂勉彊行仁也貴德以下皆彊仁之事目貴德猶尚德也士則指其人而言之賢有德者使之在位則足以正君而善俗能有才者使之在職則足以修政而立事國家閒暇可以有爲之時也詳味及字則惟日不足之意可見矣或謂賢者在位能者在職謂賢者有德但使之在位而不任事能者有才所以使之在職而任事○雙峯饒氏曰如此

說則賢者是箇無能底人。蓋凡是賢者皆當使之在位。然賢者所能却不同。就其間使能敷教者在敷教之位。能治獄者在治獄之位。既有其位。便有其職。天下豈有無職之位。豈有無能之賢○新安陳氏曰。春秋傳云及猶汲汲也。及是時而明政刑。即書所謂吉人爲善惟日不足之意。此一節應仁則榮也

詩云。迨天之未陰雨。徹彼桑土。綢繆牖戶。今此下民。或敢侮予。孔子曰。爲此詩者。其知道乎。能治其國家。誰敢侮之。徹直列反土音杜綢音稠繆武彪反

詩。豳風鴟處脂反鴞吁驕反之篇。周公之所作也。迨。及也。徹。取也。桑土。桑根之皮也。綢繆。音矛纏綿補葺七入反也。牖戶。巢之通氣出入處也。予。鳥自謂也。言我之備患詳密如此。今此在下之人。或敢有侮予者乎。周公以鳥之爲巢

如此。比君之爲國亦當思患而預防之。孔子讀而贊之以爲知道也。雲峯胡氏曰。爲此詩者其知道乎。孟子凡兩引之。彼則爲詩者知率性之道。此則爲詩者知治國平天下之道也

今國家閒暇及是時般樂怠敖是自求禍也般音盤樂音洛敖音傲

言其縱欲偷安亦惟日不足也雙峯饒氏曰。般樂則不暇明其政刑。怠敖則不暇貴德尊士。○新安陳氏曰。及是時而縱欲偷安亦書所謂凶人爲不善惟日不足之意。此一節應不仁則辱也

禍福無不自己求之者

結上文之意新安陳氏曰。仁榮福也。不仁之辱禍也。皆自己求之

詩云。永言配命。自求多福。太甲曰。天作孽。猶可違。自作孽。

不可活。此之謂也。孽，魚列反。

詩大雅文王之篇。永，長也。言，猶念也。配，合也。命，天命也。此言福之自己求者。太甲，商書篇名。孽，禍也。違，避也。活，生也。書作逭。逭，音換。逭，猶緩也。此言禍之自己求者。蔡氏曰。及時明政刑。自求福也。仁榮者如此。及時而樂敖。自作孽也。不仁之辱如此。○新安陳氏曰。記云仁者安仁。知者利仁。畏罪者彊仁。此因戰國諸侯惡辱而勉以行仁。正畏罪强仁之事。勉之存天理而享仁之榮。戒之徇人欲以速不仁之辱。亦遏人欲擴天理也。

○孟子曰。尊賢使能。俊傑在位。則天下之士皆悅而願立於其朝矣。朝，音潮。

俊傑，才德之異於衆者。雙峯饒氏曰。俊傑。謂人中之俊傑者。即指賢能而言。尊賢使能。

便是俊傑在位。尊非禮貌之虛文。與之共天位治天職。以至去讒遠色。賤貨貴德。皆尊賢之道。

市廛而不征。法而不廛。則天下之商皆悅而願藏於其市矣。

廛。市宅也。張子曰。或賦其市地之廛而不征其貨。禮記王制。古者公田籍而不稅。市廛而不稅。關譏而不征。或治以市官之法而不賦其廛。周禮地官司徒。司市市官掌市之治教政刑。量度禁令。以次序分地而經市。以陳肆辨物而平市。以政令禁物靡而均市。以商賈音古阜貨而行市。以量度成賈賈價同而徵儥。音育以質劑即隨反結信而止訟。爾雅劑。齊也。質劑。謂兩書一札而別之也。若今手書。言保物要還矣。以賈音古民禁僞而除詐。以刑罰禁虣皮告反而去盜。以泉府同貨而斂賒。大市日昃昃同而市。百族爲主。朝市朝時而市。商賈爲主。夕市夕時而市。販夫販婦爲主。蓋逐末者多。則廛而抑之。少則不必廛也。朱子曰。市廛而不征。謂使居市之廛者各出廛賦若干如今人賃鋪面相似更不征稅其所貨之物法而不廛則但治之以市官之法而已雖廛賦亦不取之也問古之爲市者以其所有易其所無者有司者治之耳此是周禮市官之法否曰然如漢之獄市之類皆是古之遺制○問市廛此市在何處曰此都邑之市國都如井田樣畫爲九區面朝背市左祖右社中一區君之宮室宮室前一區爲外朝朝會藏庫之屬皆在焉後一區爲市市四面有門每日市門開則商賈百物皆入惟民得入公卿大夫士皆不得入入則有罰市官之法如周禮司市平物價治爭訟譏察異服異言之類左右各三區皆民所居外朝一區左則宗廟右則社稷此國君都邑規模之大槩也

關譏而不征則天下之旅皆悅而願出於其路矣

解見形甸反前篇雙峯饒氏曰關譏之制凡衆途所會之地則立關以限之行旅有節傳方可度關以此稽考其來歷以防姦宄節是使者所持之節傳如今脚引及州縣移文或用節或用傳周禮所謂以節傳出納之者是也

耕者助而不稅，則天下之農皆悅而願耕於其野矣。

但使出力以助耕公田，而不稅其私田也。

廛無夫里之布，則天下之民皆悅而願爲之氓矣。氓音盲

周禮：宅不毛者有里布，民無職事者出夫家之征。鄭氏謂宅不種桑麻者罰之使出一里二十五家之布，民無常業者罰之使出一夫百畝之稅、一家力役之征也。周禮地官司徒載師職：凡宅不毛者有里布，田不耕者出屋粟，民無職事者出夫家之征。鄭司農云：宅不毛者，謂不樹桑麻也。里布者，布參印書，廣二寸，長二尺，以爲幣貿易物。詩云抱布貿絲，貿此布也。或曰布泉。鄭玄曰：宅不毛者，罰以一里二十五家之泉；空田者，罰以三家之稅粟，以共吉凶二服及喪器也。民雖有閒無職事者，猶出夫稅家稅也。夫稅者，百畝之稅；家稅者，出士徒車輦給繇役。今戰國時一切取之。市

宅之民已賦其廛，又令[平聲]出此夫里之布，非先王之法也。氓，民也。問一里二十五家之布。朱子曰：亦不可考。又問民無常產者罰之，如何恁地重？曰：後世之法與此正相反，農民賦稅丁錢却重，而游手浮浪之民泰然都不管他。○慶源輔氏曰：先王之政，宅不種桑麻與閑民無職事者，上之人皆有法以抑之，此所以當其盛時民皆著業，而無游手與貧困者。所謂窮民，亦不過鰥寡孤獨者而已。戰國時如夫里之布一切取之，皆末流之害，縱人欲滅天理者也。○雙峯饒氏曰：家征是力役之征，如今庶役；夫征是粟米之征，即百畝之稅，如今輸租；里布是布縷之征，即五畝之稅，如今納絹。

信能行此五者，則鄰國之民仰之若父母矣。率其子弟，攻其父母，自生民以來未有能濟者也。如此，則無敵於天下。無敵於天下者，天吏也。然而不王者，未之有也。

呂氏曰：奉行天命，謂之天吏。廢興存亡，惟天所命，不敢不從若湯武是也。雙峯饒氏曰。吏君所命。天吏天所命。君所命者可以刑人殺人。凡有罪者得而刑殺之。天所命者可以征人伐人。凡暴亂之國。皆得而征伐之。○此章言能行王政。則寇戎爲父子。不行王政。則赤子爲仇讎。雙峯饒氏曰。無敵於天下一句。乃是此章之大旨。蓋能行王者之政。則可以興王者之治。當時諸侯不得民心。惟務侵人土地。故孟子敎之。但行王政以恤其民。使吾國之民仰之若父母。則天下之民亦仰之若父母矣。如此則東征西伐。何向不服。不然。吾國之民亦仇敵也。況鄰國乎。○新安陳氏曰。欲除後世過取以奉其私之弊。而一行之以先王之法。皆所以遏人欲擴天理也。

○孟子曰。人皆有不忍人之心

天地以生物爲心。而所生之物因各得夫音扶天地生物之心以爲心。所以人皆有不忍人之心也。朱子曰。無天地生物之心則沒這身纔有這血氣之身便具天地生物之心矣○天地以生物爲心天包著地別無所作爲只是生物而已譬如甑蒸飯氣從裏面蒸上到上面又下來只管在裏面衮便蒸得熟天地即是包得許多氣在這裏無出處衮一番便生一番物所謂爲心者豈切切然做似磨子相似只會磨出這物事○雙峯饒氏曰人心慈愛惻怛纔見人便發將出來更忍不住所以謂之不忍人之心仁之爲德在天地則爲生物之心在人則爲不忍人之心天地能生物人不能生物但是愛人之心即是生物之心程子云惻隱之心人之生道也正此之謂○西山眞氏曰天地造化無他作爲惟以生物爲事觀夫春夏秋冬往古來今生意周流何嘗一息間斷天地之心於此可見萬物從天地生意中出故物物皆具此理何況人爲最靈宜乎皆有不忍人之心也○新安陳氏曰不忍即是仁忍則非仁性中有此仁發出來便是不忍人之心所以後面提起所以謂人皆有不忍人之心者便指出惻隱之心以當之見孺子將入井而惻隱者何也蓋不忍見此子之如此也若見此而不動心則頑忍非人矣天地之大德曰生人得天地之德曰好生好生之德即所謂得天地生物之心以爲心也

先王有不忍人之心，斯有不忍人之政矣。以不忍人之心，行不忍人之政，治天下可運之掌上。

言衆人雖有不忍人之心，然物欲害之，存焉者寡，故不能察識而推之政事之間。惟聖人全體此心，仁之體隨感而應，仁之用故其所行無非不忍人之政也。雙峯饒氏曰：斯猶即也。聖人之心無物欲之蔽，纔有不忍人之心，即有不忍人之政，不待充廣而後能也。若衆人則須待充廣。○西山眞氏曰：人有是心，而私欲間斷之，故不能達之於用。惟聖人全體此心，私欲不雜，故有此仁心，便有此仁政，自然流出，更無壅遏，天下雖大，運以此心而有餘矣。

所以謂人皆有不忍人之心者，今人乍見孺子將入於井，皆有怵惕惻隱之心。非所以內交於孺子之父母也，非所以要譽於鄉黨朋友也，非惡其聲而然也。怵音黜，内讀為納，要平聲，惡去聲，下同。

乍，猶忽也。怵惕，驚動貌。惻，傷之切也。隱，痛之深也。此即所謂不忍人之心也。○慶源輔氏曰：怵惕，心驚懼而起念之意，緣卒乍而見，故心驚懼而動也。惻隱，由傷深而痛深，自淺而深，皆所以名狀不忍人之心，可謂善形容矣。内，結。要，求。聲，名也。言乍見之時便有此心，隨見而發，非由此三者而然也。○程子曰：滿腔苦江反子是惻隱之心。○朱子曰：腔子猶言軀殼耳。滿腔子，只是言充塞周徧，本來如此。是就人身上指出理充塞處，最為親切。若於此見得，則萬物一體，更無内外之別；若見不得，卻去腔子外尋，則莽莽蕩蕩，無交涉矣。又曰：腔子，身裏也。言滿身裏皆惻隱之心。在腔子裏，亦只云心在身裏。滿這箇軀殼都是惻隱之心，纔觸著便是這箇物事出來。大感則大應，小感則小應。○勉齋黄氏曰：陵陽李氏謂腔子指人身言天地間充塞上下渾然生物之意無有空處人得此以爲心則亦四體百骸充塞徧滿無非此惻隱之心觸處即是無有欠缺也此說極是

謝氏曰人須是識其眞心方乍見孺子入井之時其心怵惕乃眞心也非思而得非勉而中去聲天理之自然也內交要譽惡其聲而然即人欲之私矣

朱子曰方乍見孺子時也著手脚不得縱有許多私意也未暇思量到問心所發處不一便說惻隱如何曰惻隱之心渾身皆是無處不發見如見赤子有惻隱之心見一蟻亦豈無此心○如孺子入井如何不推得其他底出來只推得惻隱之心出來蓋理各有路如做得穿窬底事如何令人不羞惡偶遇一人衣冠而揖我我便亦揖他如何不恭敬事有是非必辨別其是非試看是甚麼去感得他何處一般出來○惡其聲是惡被不救人之名○西山眞氏曰孺子未有所知而將入于井乍見之者無問賢愚皆有傷痛之心方此心驟發之時非欲以此內交非欲以此干譽非欲以避不仁之名也倉卒之間無安排矯飾而天機

自動。此所謂眞心也。○雲峯胡氏曰。集註與謝氏皆看得乍見二字緊。蓋惟倉卒忽然而見之時。此心便隨所見而發。正是本心發見處。若旣見之後。稍涉安排商略。便非本心矣

由是觀之。無惻隱之心。非人也。無羞惡之心。非人也。無辭讓之心。非人也。無是非之心。非人也。惡去聲下同

羞。恥己之不善也。惡。憎人之不善也。辭。解使去己也。讓。推吐雷反以與人也。是。知其善而以爲是也。非。知其惡而以爲非也。人之所以爲心。不外乎是四者。故因論惻隱而悉數上聲之。言人若無此則不得謂之人。所以明其必有也。問上蔡見明道先生。舉史文成誦。明道謂其玩物喪志。上蔡汗流浹背。面發赤色。明道云此便是惻隱之心。公且道上蔡聞得過失。恁地慚惶。自是羞惡之心。如何却說道見得惻隱之心。久之。朱子曰。惟是有惻

隱之心。方會動。若無惻隱之心。却不會動。惟是先動方始有羞惡。方始有恭敬。有是非。動處便是惻隱。若不會動。却不成人。若不從動處發出。所謂羞惡者非羞惡。所謂恭敬者非恭敬。是非者非是非。天地生生之理。這些動意未嘗止息。看如何梏亡。亦未嘗盡消滅。自是有時而動。學者只怕間斷了。○羞惡辭讓是非雖與惻隱並說。但此三者皆是自惻隱中發出來。因有惻隱後方有此三者。惻隱比三者又較大。○或問孟子專論不忍人之心。而後乃及乎四端何也。曰。不忍之心。即惻隱之謂也。性之德爲仁義禮知。而一以包三者仁也。情之發爲四端。而一以貫三者惻隱也。然則其言之安得無先後之別耶。○慶源輔氏曰。人之所以爲心。雖不外是四者。然仁則又貫乎三者之中。故此因論惻隱而悉數之也。至於言人若無此心則非人也者。所以明其必有而使人知反求之於己也。○西山眞氏曰。孟子始言惻隱之心。至此則兼羞惡辭讓是非而言者。蓋仁爲衆善之長。有惻隱則三者從之矣。惻隱不存。三者亦何有哉。然賦形爲人。孰無此心。苟無此心。則非人矣。所謂無者。豈其固然哉。私欲閉塞而失其本眞耳。○莆田黃氏曰。由是觀之。是字指孺子入井一事說。論惻隱便引箇羞惡辭

讓是非之心出來

惻隱之心，仁之端也。羞惡之心，義之端也。辭讓之心，禮之端也。是非之心，知之端也。

惻隱、羞惡、辭讓、是非，情也。仁、義、禮、知，性也。心，統性情者也。朱子曰。性者心之理。情者心之用。心者性情之主○性是靜。情是動。心兼動靜而言。統如統兵之統。心有以主宰之也。動靜皆主宰。非是靜時無所主。及至動時方有主宰也○新安陳氏曰。性情字皆從心。心涵養此性。心統性也。心節制此情。心統情也。性如在營之軍。情如臨陣之軍。皆將實統之。心統性情。當以是觀焉。又曰。此六字橫渠語

端，緒音序也。潛室陳氏曰。端者端倪也。物之緒也。譬之繭絲。外有一條緒。便知得內有一團絲。若其無絲在內。則緒何由而見於外○莆田黃氏曰。註謂端首也。疏謂端本也。集註以爲緒也。如繅絲然。先尋其緒。則千絲萬絲續續而上因其情之發，而性之本然可得而見。

猶有物在中而緒見形甸反於外也問四端之端集註以爲端緒向見蔡季通以說端乃是尾如何朱子曰以體用言之有體而後有用故端亦可謂之尾若以始終言之則四端是始發處故亦可以端緒言之二者各有所指自不相礙也○問孟子說仁義禮智義在第二太極圖以義配利則在第三曰仁義禮智猶言東西南北元亨利貞猶言東南西北一箇是對說一箇是從一邊說起○問元亨利貞自有次第仁義禮智因感而發則無次第曰發時無次第生時自有次第○四端八箇字每字是一意惻是方惻然有此念起隱是惻然後隱痛比惻爲深羞者羞己之惡惡者惡人之惡辭者辭己之物讓者推與他人是非自是兩樣分明但仁是總名若說仁義便如陰陽若說四端便如四時若分四端八字便如八節○惻隱自是情仁自是性性即是這道理仁本難說中間却是愛之理發出來方有惻隱義却是羞惡之理發出來方有羞惡禮却是辭遜之理發出來方有辭遜智却是是非之理發出來方有是非仁義禮智是未發底道理惻隱羞惡辭遜是非是已發底端倪如桃仁杏仁是仁到得萌芽却是惻隱又曰仁義禮智本體自無形影要捉摸不著

只得將他發動處看。却自見得。程子云以其惻隱知其有仁。此八字說得最親切分明。也不道惻隱便是仁。又不道掉了惻隱別取一箇物事說仁。○惻隱羞惡多是因逆其理而見。惟有所可傷。這裏惻隱之端便動。惟有所可惡。這裏羞惡之端便動。若是事親從兄。又是自然順處見之。○一心之中。仁義禮智各有界限。而其性情體用又各自有分別。須是見得分明。然後就此四者之中。又自見得仁義兩字是箇大界限。如天地造化四序流行。而其實不過於一陰一陽而已。仁字是箇生底意思。通貫周流於四者之中。仁固仁之本體。義則仁之斷制。禮則仁之節文。智則仁之分別也。正如春之生氣貫徹四時。春則生之生也。夏則生之長也。秋則生之收也。冬則生之藏也。○北溪陳氏曰。四端之說。是說外面可見底。以驗其中之所有。惟是有四者之體。故四者端緒自然發見於外。○潛室陳氏曰。性是太極渾然之全體。本不可以名言。孟子時異端蠭起。往往以性爲不善。孟子苟但曰渾然全體。則恐爲無星之秤。無寸之尺。而終不足以曉天下。於是別而言之。界爲四破。而四端之說。於是乎立。蓋四端之未發也。性雖寂然不動。而其中自有條理。自有間架。不是儱侗都是一物。所以外邊纔動其中便應。如赤子之事感則仁之理便應而惻隱之心形。如蹴爾嘑爾之事感則義之理便應而羞惡之心形。如過朝廷過宗廟之事感則禮之理便應而恭敬之心形。如妍醜美惡之事感則智之理便應而是非之心形。蓋由其中間衆理渾然各各分明故外邊所遇隨感隨應。析而四之以示學者使知渾然全體之中粲然有條如此則性之善可知矣然四端之未發也渾然全體之理無聲臭之可言無形象之可見何以知其粲然有條如此蓋是理之可驗乃依然就他發處驗得凡物必有本根而後有枝葉見其枝葉則知其本根性之理雖無形而端緒之發則可驗○雙峯饒氏曰孟子論性唯是這一章說得最分曉

人之有是四端也猶其有四體也有是四端而自謂不能者自賊者也謂其君不能者賊其君者也

四體四肢人之所必有者也自謂不能者物欲蔽之耳

凡有四端於我者知皆擴而充之矣若火之始然泉之始

達苟能充之足以保四海苟不充之不足以事父母擴音廓

擴推廣之意充滿也四端在我隨處發見形甸反知皆即此推廣而充滿其本然之量去聲則其日新又新將有不能自已者矣能由此而遂充之則四海雖遠亦吾度內無難保者不能充之則雖事之至近而不能矣

朱子曰人之一心在外者要收入來如求放心章是也在內者又要推出去此章是也孟子一部書皆是此意大抵一收一放一闔一闢道理森然○問推與充字曰推是從這裏推將去如老吾老以及人之老幼吾幼以及人之幼到得充則填得來滿了如注水相似推是注水下去充則注得器滿了蓋仁義之性本自可以充塞天地若自不能充廣則無緣得這殼子滿只是空殼子○問知字是重字還是輕字曰不能擴充者正爲不知都只是冷過了○若能知而擴充其勢甚順如乘快馬放下水船相似○問兩說充字未曉曰上只說知皆擴而充之只說知得

了要推廣以充滿此心之量。下云苟能充之足以保四海。是能充滿此心之量。上帶知皆擴字說。下就能充滿說。惟擴而後能充。能充則不必說擴矣。○此心之量本足以包括天地。兼利萬物。只是人自不能充滿其量。所以推不去。或能推之於一家。而不能推之於一國。或能推之於一國。而不足以及天下。此皆是未足以盡其本然之量。須是充滿其量。自然足以保四海。○雙峯饒氏曰。集註即此推廣是釋擴字。滿其本然之量是釋充字。自親親而仁民而愛物。推至於無一物之不愛。是充仁之量。自一事之得宜。推至於無一事之不得宜。是充義之量。禮智皆然。人能充廣。則四端之流行發達。常如火始然。泉始達。其勢方張而不可遏。便由此而可以燎原赴海。若不能充廣。則如火始然而即滅。泉始達而即壅。便只恁地休了。所以集註云日新又新。新字正是發明二始字之意。問四端衆人皆有。若擴充似非衆人所能。曰。知皆擴而充之。其緊要在知字皆字。衆人之中若有能知所以擴而充之。又於四者皆能擴而充之。則便是人中之君子。但患人不知不爲耳。○張氏彭老曰。朱子云若以始終言之。則四端是始發處。端訓始字尤切。如發端履端開端之類皆始也。孟子既言之。凡有四端若火始然泉始達始然便是火之端始達便是泉之端惻隱羞惡便是仁義之端此心始動乃是情可爲善處是心也人皆有之然不能無智愚之異由充與不能充而已如乍見孺子將入井看是何等人皆有惻隱之心此所謂仁之端苟能因此廣而充之其仁將不可勝用不能充廣天理纔動人欲便萌於是納交等心生循是而人欲日長天理日消而仁之端斬然矣此自謂不能者也始於充與不能充之分終乃天壤隔焉○雲峯胡氏曰集註於盡心曰盡其心之量此則曰充滿其本然之量須看朱子如何下一量字蓋體無所不具用無所不周此心之量本如是其大也知性則有以盡此心本然之量知此性之發而擴充之則有以滿此心本然之量

○此章所論人之性情心之體用本然全具而各有條理如此學者於此反求默識而擴充之則天之所以與我者可以無不盡矣慶源輔氏曰集註反求默識者格物致知窮理之事也擴充之者誠意正心力行之事也既能窮理又能力行則天之所以予我仁義禮智之性可以各各充滿其量而無遺

慽矣前言日新又新將有不能自已所以言其推廣之意於其始也此言天之所以與我者可以無不盡矣所以言充滿於其後之意也 ○程子曰人皆有是心惟君子爲能擴而充之不能然者皆自棄也然其充與不充亦在我而已矣雲峯胡氏曰性者心之體其未發也本然全具情者心之用其初發也各有條理反求默識知之事擴充行之事至於天之與我者無不盡即是盡心而知之無不盡盡性而行之無不盡也 又曰四端不言信者既有誠心爲四端則信在其中矣愚按四端之信猶五行之土無定位無成名無專氣而水火金木無不待是以生者故土於四行無不在於四時則寄王去聲焉其理亦猶是也朱子曰四端不言信如實是惻隱實是羞惡信便在其中 ○土於四時各寄王十八日或謂王於戊己然季夏乃土之本宮故尤王於夏末月令載中央土者以此 ○潛室陳氏曰五行

無土位位在四象之中五常無信位位在四端之中○雲峯胡氏曰按饒氏云以四方論之土無定位無成名無專氣以五方論之亦未嘗無定位成名專氣不可執一看愚見朱子之説是就五方看方見得試以河圖看之五土居中似有定位然三八木位乎東不可以西一六水位乎北不可以南如中間五點則自具五方而於東西南北無所不該似有定位而實無定位也一二三四各因五而後成七八九六故於四季各寄王十八日木火金水各專生長收藏之一氣而各成生長收藏之一名然無土皆不可是則土無專氣而氣無所不貫土無成名而名無所不成就四方看如此就五方看亦如此似不必分也分看則論土於四行之外是猶論信於四端之外合看則土實在四行之中而信在四端之中也○新安陳氏曰此章始專以不忍人之仁言繼因體驗惻隱之心而悉及羞惡辭讓是非之心貫四者一仁也惟聖人能以是心行是政安而行之者也惟君子能知其本有是心而擴充之勉而行之者也若衆人則不能識察不能擴充此心雖發隨發隨泯眞自棄也又按人皆有不忍人之心同此天理也物欲害之則天理之存焉者寡矣見孺子而惻隱天理也内交之類即人欲

矣。四端能充不能充之分，判於擴天理與徇人欲而已。此章亦在於遏人欲、擴天理也。

○孟子曰：矢人豈不仁於函人哉？矢人惟恐不傷人，函人惟恐傷人。巫匠亦然。故術不可不慎也。

函，甲也。惻隱之心，人皆有之。是矢人之心，本非不如函人之仁也。巫者爲去聲人祈祝，利人之生；匠者作爲棺槨，利人之死。新安陳氏曰：此只借以術之當擇說起，引上人當擇仁而處之。

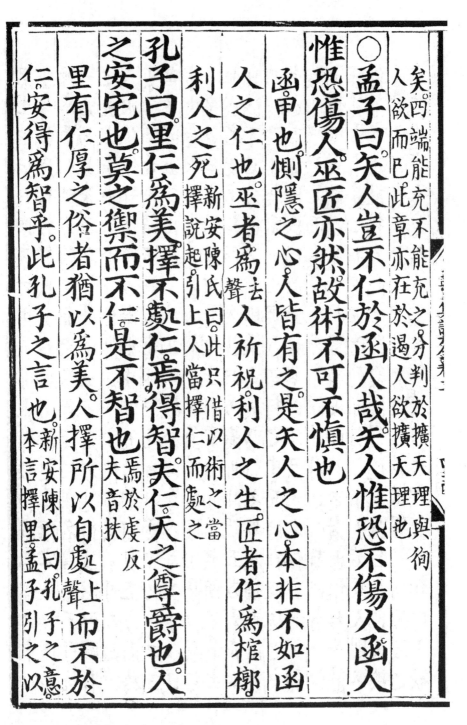

孔子曰：里仁爲美。擇不處仁，焉得智？夫仁，天之尊爵也，人之安宅也。莫之禦而不仁，是不智也。焉，於虔反。夫，音扶。

里有仁厚之俗者，猶以爲美。人擇所以自處上聲而不於仁，安得爲智乎？此孔子之言也。新安陳氏曰：孔子之意本言擇里，孟子引之以證擇術微有不同。集註於此只以孟子之意釋孔子之言，故與語註小異。仁義禮智皆天所與之良貴，而仁者天地生物之心，得之最先，而兼統四者，所謂元者善之長上聲也，故曰尊爵。問：「仁，天之尊爵。先生解曰：『仁者天地生物之心，得之最先。』如何是得之最先？」朱子曰：「人得那生底道理，所謂心生道也。有是心，斯有是形以生也。」○新安陳氏曰：「元者善之長也，此句出易乾卦文言。引以爲證。元者生意之始，爲亨利貞之長。」在人則爲本心全體之德，有天理自然之安，無人欲陷溺之危。人當常在其中，而不可須臾離去聲者也，故曰安宅。此又孟子釋孔子之意，以爲仁道之大如此，而自不爲之，豈非不智之甚乎。慶源輔氏曰：「五性皆人心之德，而仁則周貫乎四者之中，故爲本心全體之德。天理有則而不流，故有自然之安。人欲橫流而無止，故有陷溺之危。克盡人欲，純是天理，方始是仁。此所以有安而無危也人當常處其中而不可須臾離即所謂依於仁造次必於是顛沛必於是之意此聖門學者必以求仁爲先務也○西山眞氏曰仁乃我所自有苟欲爲之誰能止者乃甘心於不仁豈非不智乎故仁智二者常相須焉不仁斯不智矣下文言之不智斯不仁矣此是也

不仁不智無禮無義人役也人役而恥爲役由弓人而恥爲弓矢人而恥爲矢也由與猶同

以不仁故不智不智故不知禮義之所在慶源輔氏曰不仁則頑然不覺故不智不智則懵然無知故不知禮義所在

如恥之莫如爲仁

此亦因人愧恥之心而引之使志於仁也不言智禮義者仁該全體能爲仁則三者在其中矣

仁者如射射者正己而後發發而不中不怨勝己者反求諸己而已矣中去聲

爲仁由己而由人乎哉雙峯饒氏曰此上三四章皆是爲當時君大夫言之此章與仁則榮二章之意同皆是教時君因恥辱而勉於仁言不能行仁則既無尊爵之可貴又無安宅之可居安富尊榮皆無之而爲人役不免焉則不當歸怨於人但當反求諸己己能爲仁大國安能役之此役字即小國役大國楚六千里爲讎人役之役○新安陳氏曰此章以尊爵安宅論仁其理甚精微勉人爲仁其意甚切至既言莫之禦而不仁又言反求諸己皆言爲仁由己其機在我不在人也仁固包義禮智然人所以不爲仁者由於是非之心不明與羞惡之心不正耳故孟子先言是不智也欲人以是非之智而擇爲仁之術繼言如恥之欲人以羞惡之義而決爲仁之機也

○孟子曰子路人告之以有過則喜

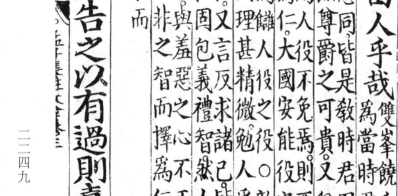

喜其得聞而改之。其勇於自修如此。周子曰。仲由喜聞過。令名無窮焉。今人有過不喜人規如諱疾而忌醫寧滅其身而無悟也。噫。程子曰。子路人告之以有過則喜。亦可謂百世之師矣南軒張氏曰。聞過則喜。非能克其驕吝者不能。驕則自以爲善而惡人議己。吝則安其故常而不能從人。子路用力於克己。其功深矣○慶源輔氏曰。人受天地之中以生。本自無過。所以有過者。非出於氣稟之偏。則由乎物欲之誘。人能知而改之。則可以復於本然之善。不知。則其過愈深將陷溺焉。而失其所以爲人矣。是豈可不懼哉。人有告我以過。我因得而改之以復於善。則又豈可不以爲喜乎。然非子路之勇於自修。則亦不能然也○新安陳氏曰。程子深賛子路。欲學者師之以修身補過也

禹聞善言則拜

書曰。禹拜昌言。蓋不待有過而能屈己以受天下之善

也慶源輔氏曰。子路賢者也。故不能無過。但勇於自修。是以喜於得聞而改之。禹則聖人也。其心純是天理

本然之善。故不待其有過。但一聞善言。則至誠屈己拜而受之

大舜有大焉。善與人同。舍己從人。樂取於人以爲善。舍上聲樂音洛

言舜之所爲又有大於禹與子路者。善與人同。公天下之善而不爲私也。己未善則無所係吝解舍字而舍以從人。人有善則不待勉強上聲解樂字○而取之於己。此善與人同之目也。程子曰。樂取於人以爲善。便是與人爲善。與人爲善乃公也。○問善與人同。朱子曰。善者天下之公理。本無在己在人之別。但人有身不能無私於己者。故有物我之分焉。惟舜之心無一毫有我之私。是以能公天下之善以爲善。而不知其孰爲在己。孰爲在人。所謂善與人同也。舍己從人。言其不先立己而虛心

以聽乎天下之公。蓋不知善之在己也。樂取於人以爲善言其見人之善則至誠樂取而行之於身。蓋不知善之在人也。此二者善與人同之目也。然此二章本一事。特交互言之。以見聖人之心表裏無間如此耳○大舜樂取諸人以爲善。是成己之善。是與人爲善。也是著人之善○慶源輔氏曰。禹聞善言則拜。聞之者禹也。言之者人也。以我之聞聞彼之善。拜以受之。猶有人己之分也。至於舜則善與人同耳。善與人同者。蓋善乃天下之公。非人己所得而私者。故曰公天下之善而不爲私也○雙峯饒氏曰。舜之稱堯方以舍己從人爲惟帝時克聖人雖生知。而不自以爲生知。常虛心以受人之善。己之所爲偶有未盡。而人之所見有善於己。卽舍而從之。無一毫執吝之意。乃所以見聖人之無我。而非人所及也

自耕稼陶漁以至爲帝無非取於人者

舜之側微耕于歷山陶于河濱漁于雷澤史記五帝紀。舜耕歷山。歷山之人皆讓畔。漁雷澤。雷澤之人皆讓居。陶河濱。河濱器皆不苦窳。病也。一年所居成聚。二年成邑。三年成都

歷山。在河東。雷澤。夏兗州。今屬濟陰。河濱。濟陰定陶西南

取諸人以爲善，是與人爲善者也。故君子莫大乎與人爲善。

與，猶許也，助也。取彼之善而爲之於我，則彼益勸於爲善矣。是我助其爲善也。能使天下之人皆勸於爲善，君子之善孰大於此。慶源輔氏曰。舜之取人以爲善，初未嘗有助人爲善之意也。孟子推說其事，故以爲取諸人以爲善，是乃助人之爲善也。因吾取人之善以爲善，而使天下之人皆勸於爲善，則是聖人成己成物之事。故曰君子之善孰大於此

○此章言聖賢樂音洛善之誠，初無彼此之閒。去聲故其在人者有以裕於己，在己者有以及於人。朱子曰。禹聞善言則拜，猶著意做。舜與人同，是自然氣象。聖人之拜，固出於誠意，然拜是容貌閒，未

見得行不行。若舜則眞見於行事處。己未善則舍己之未善而從人之善。人有善則取人之善而爲己之善。人樂於見取。便是許助他爲善也。○慶源輔氏曰。集註所謂聖賢。兼子路禹舜言之。三人雖淺深大小不同。其樂善之誠。皆無彼此之間。末二句。却單說舜。○新安陳氏曰。舜事優於禹。禹事優於子路。然學者之希賢希聖。未有無其序者。常人徇欲背理。諱過飾非。視子路之心。已相背馳。何敢言舜禹事。必先忘私克己。然後能至公而自然無私。故必如子路之克己私。始漸能如聖人之與人爲公耳。○新安倪氏曰。語録云。三者本意只是取人但有淺深。而與人爲善。乃是孟子再疊一意以發明之。即此條以證集註之說。則是三人皆有樂善之誠。子路樂於聞人告之以有過。禹樂於聞人之善言而拜。舜樂取人以爲善。雖有淺深。是皆在人者有以裕於己也。末一句所謂在己者有以及於人。乃是申明孟子再疊之意耳。輔氏謂末二句皆單說舜。竊恐未然

○孟子曰。伯夷非其君不事。非其友不友。不立於惡人之朝。不與惡人言。立於惡人之朝。與惡人言。如以朝衣朝冠

坐於塗炭。推惡惡之心，思與鄉人立，其冠不正，望望然去之，若將浼焉。是故諸侯雖有善其辭命而至者，不受也。不受也者，是亦不屑就已。朝音潮。惡惡上去聲，下如字。浼莫罪反。

塗，泥也。鄉人，鄉里之常人也。望望，去而不顧之貌。浼，汙去聲也。屑，趙氏曰：潔也。說文曰：動作切切也。不屑就，言不以就之爲潔，而切切於是也。合趙氏、說文二說以解一屑字。已，語助辭。

朱子曰：世之所謂清者，不就惡人耳。若善辭令而來者，固有時而就之。惟伯夷不然，此其所以爲聖之清也。柳下惠不屑之意亦然。○新安陳氏曰：此言伯夷之清，嚴於惡惡而不輕與人群也。

柳下惠不羞汙君，不卑小官，進不隱賢，必以其道，遺佚而不怨，阨窮而不憫。故曰：爾爲爾，我爲我，雖袒裼裸裎於我側爾焉能浼我哉故由由然與之偕而不自失焉援而止之而止援而止之而止者是亦不屑去已佚音逸袒音但裼音錫裸魯果反裎音程焉能之焉於虔反

柳下惠魯大夫展禽居柳下而謚惠也不隱賢不枉道也遺佚放棄也阨困也憫憂也爾爲爾至焉能浼我哉惠之言也袒裼露臂也裸裎露身也由由自得之貌偕並處上聲也不自失不失其正也援音爰而止之而止者言欲去而可留也朱子曰進不隱賢便是必以其道人有所見不肯發出尚有所藏便是枉道○問集註謂不隱賢不枉道也疑與下文必以其道意相連曰兩句相承只作一句讀文勢然也○所以不解作不蔽賢謂其下文云必以其道若作蔽賢說則下文不同矣○不隱賢謂不隱避其賢如己當廉卻以利自汙

已當勇却以怯自處之類。乃是隱賢。是枉道也。○雙峯饒氏曰。他人不羞汙君。不卑小官。必至於苟進。而柳下惠則不隱賢。他人見袒裼裸裎而與之偕。則必至於流。而柳下惠則不自失。此其所以爲聖人之和而異乎常人之和也。○新安陳氏曰。此言惠之和。寬以處衆。而不輕與人絶也

孟子曰。伯夷隘。柳下惠不恭。隘與不恭。君子不由也

隘。狹窄側格反也。不恭。簡慢也。夷惠之行去聲固皆造七到反乎至極之地。然既有所偏。則不能無弊。故不可由也。朱子曰。伯夷既清。必有隘處。柳下惠既和。必有不恭處。道理自是如此。孟子恐後人以隘爲清。以不恭爲和。故曰隘與不恭。君子不由也。○問。如伯夷之清而不念舊惡。柳下惠之和而不以三公易其介。此其所以爲聖之清聖之和也。但其流弊則有隘與不恭之失。曰。這也是諸先生恐傷觸二子。所以說流弊。今以聖人觀二子。則二子多有欠闕處。纔有欠闕處。便有弊。所以孟子直說他隘與不恭。不曾說末流如此。如不念舊惡。不以三公易其

介。固是清和好處。然十分只救得一分。救不得那九分清和之偏處了。○問不恭是處己是待人。曰。是待人如此。其心玩世視人如無也。○清和皆是一偏。學之便有隘不恭處。使懦夫學和愈不恭。鄙夫學清愈隘矣。可爲百世師。謂能使薄者寬。鄙者敦。頑者廉。懦者立。君子不由。不由其隘與不恭也。○夷隘惠不恭。不必言效之而不至者其弊如此。只二子所爲已有弊矣。○雲峯胡氏曰。道惟中則無弊。夷惠不合乎中庸之道。故君子所不由。夫子之道。大中至正之準。故孟子所願學。○新安陳氏曰。孟子一書言夷惠者不一。以百世之師稱之。以聖之清和許之。此章則謂其隘不恭。似若相反。蓋孟子實欲人法夷惠之得。又恐人不知戒夷惠之失。其憂學者至矣。呂伯恭曰。學伯夷者。未必得其清而先得其隘。學惠者未必得其和而先得其不恭。大抵清之極易至於隘。和之極易至於不恭。學之者當法其清和之得。而戒其隘不恭之失可也。

孟子集註大全卷之三

孟子集註大全卷之四

公孫丑章句下

凡十四章。自第二章以下，記孟子出處上聲行實爲詳

孟子曰：天時不如地利，地利不如人和。

天時謂時日支干孤虛王相並去聲之屬也。蔡氏曰：時，四時也；日，日辰也。史記注六甲孤虛法：甲子旬戌亥爲孤，辰巳爲虛，後五甲倣此。如今人以甲子旬無戌亥爲空亡，是以空亡爲孤也。辰巳與戌亥對，辰巳爲虛。王相，如東方木旺相於卯之類。○慶源輔氏曰：時，十二時；日，十日；支，十二支；干，十干也。○雙峯饒氏曰：此大槩以五行衰旺言之。五行有孤虛，時有旺相。時春屬木，甲乙木生丙丁火，便是木旺而火相。旺字即是王字。相，王之次也。金到這裏衰，所以孤。孤者，無輔助之意，如今說四廢。然水爲母，木爲子，子實則母虛，水到此所以虛。或問此說時日，或是方所？曰：二者一般，一箇是橫，一箇是直。所以天德月德日

亦有天德月德。方。大意如此。其間又自有細密處地利。險阻城池之固也。人和得民心之和也。立兩句爲柱。下文分兩邊自解之

三里之城。七里之郭。環而攻之而不勝。夫環而攻之。必有得天時者矣。然而不勝者。是天時不如地利也。夫音扶

三里。七里。城郭之小者。郭。外城。環。圍也。言四面攻圍曠日持久。必有値天時之善者

城非不高也。池非不深也。兵革非不堅利也。米粟非不多也。委而去之。是地利不如人和也

革。甲也。粟。穀也。委。棄也。言不得民心。民不爲守也。去聲趙氏曰。古甲以革爲之。故函人爲攻皮之工。後世始用金曰鎧。○雙峯饒氏曰。非謂可以全無天時地利。但不如人

和爾。用兵也要天時地利。但人和是本。人心不和。雖有天時地利。亦不可取勝。況時不時屬天。利不利屬地。人心和不和則在我而已。在天地者難必。在我者可恃

故曰域民不以封疆之界固國不以山谿之險威天下不以兵革之利得道者多助失道者寡助寡助之至親戚畔之多助之至天下順之

域界限也。南軒張氏曰。得道者。順乎理而已。舉措順理。則人心悅服矣。先王之所以致人和者在此。而極夫多助之效。至於天下順之。其王也孰禦。一失道則違拂人心。心之所睽。雖親亦踈也。不亦孤且殆哉。雖有高城深池。誰與爲守。○雙峯饒氏曰。緊要在得道二字上。○新安陳氏曰。封疆山谿兵革皆末也。不以不全以此也。其本在得道而已

以天下之所順攻親戚之所畔故君子有不戰戰必勝矣

言不戰則已。戰則必勝○尹氏曰。言得天下者。凡以得民心而已新安陳氏曰。此章言用兵在得人心。得人心在得道。得道以得人心。則地利之險人爲之守。天時之善人爲之乘。先王之守國家。用天下。本末具舉如此。固以得道得人心爲本。而亦不廢天時地利之末。孟子見當時用兵者惟以天時地利爲務。而不知以得道得人心爲本。故發此論

○孟子將朝王。王使人來曰。寡人如就見者也。有寒疾。不可以風。朝將視朝。不識可使寡人得見乎。對曰。不幸而有疾。不能造朝章內朝並音潮。惟朝將之朝如字。造七到反。下同

王。齊王也。孟子本將朝王。王不知而託疾以召孟子。故孟子亦以疾辭也問。莫是齊王不合託疾否。朱子曰。未論託疾。孟子之意。只是說他不合來召。爲其賓師。有事則王自來見。或自往見。若王召之。則有自尊之意。故不往見。在他國時。諸侯無越境之理。只

得以幣來聘。故賢者受其幣而往見之。答陳代如不待其招而往何哉。此以在他國而言。答萬章天子不召師而況諸侯乎。此以在其國而言○孟子於此。嫌賓師之位未嘗受祿。非齊王所得臣也。王不能見而乃召之。旣失禮矣。其托疾又不誠。若何而可往哉○新安陳氏曰。王託疾以召。孟子亦託疾以辭。欲其稱也。與孔子亦瞰陽貨之亡同意

明日出弔於東郭氏。公孫丑曰。昔者辭以病。今日弔。或者不可乎。曰。昔者疾。今日愈。如之何不弔

東郭氏。齊大夫家也。昔者。昨日也。或者。疑辭。辭疾而出弔。與孔子不見孺悲取瑟而歌同意。○慶源輔氏曰。孔子不見。然又取瑟而歌。使之知其非疾。所以警教孺悲也。孟子以疾辭齊王而不往朝。然又出弔東郭而使之知其非疾者。所以警教齊王也。此皆聖賢至誠應物而得乎時中之義也

王使人問疾醫來孟仲子對曰昔者有王命有采薪之憂不能造朝今病小愈趨造於朝我不識能至否乎使數人要於路曰請必無歸而造於朝要平聲

孟仲子趙氏以爲孟子之從去聲昆弟學於孟子者也采薪之憂言病不能采薪謙辭也仲子權辭以對又使人要孟子令平聲勿歸而造朝以實己言新安陳氏曰王先託疾以召意本不誠今問疾醫來虛文美觀意亦非誠也仲子遂權對促朝

不得已而之景丑氏宿焉景子曰內則父子外則君臣人之大倫也父子主恩君臣主敬丑見王之敬子也未見所以敬王也曰惡是何言也齊人無以仁義與王言者豈以

仁義爲不美也。其心曰是何足與言仁義也云爾，則不敬莫大乎是。我非堯舜之道不敢以陳於王前，故齊人莫如我敬王也。惡，平聲。下同。

景丑氏，齊大夫家也。景子，景丑也。惡，歎辭也。景丑所言，敬之小者也；孟子所言，敬之大者也。慶源輔氏曰：丑之說，擎跽曲拳奔走承順之敬。敬君以貌，世俗之所知，故曰敬之小。孟子所言，陳善閉邪，致君堯舜之敬。敬君以心，聖賢之所行，故曰敬之大。○西山真氏曰：景子但知聞命奔走爲敬其君，不知以堯舜之道告其君。僕隸之臣，唯唯承命，外若敬其君，然心實薄之，曰是何足與言仁義，此不敬之大者也。

景子曰：否，非此之謂也。禮曰：父召無諾，君命召不俟駕。固將朝也，聞王命而遂不果，宜與夫禮若不相似然。夫，音扶。下同。

禮曰。父命呼。唯以水反而不諾。又曰。君命召。在官不俟屨官謂朝內在外不俟車。並出禮記玉藻篇言孟子本欲朝王而聞命中止。似與此禮之意不同也

曰。豈謂是與。曾子曰。晉楚之富。不可及也。彼以其富。我以吾仁。彼以其爵。我以吾義。吾何慊乎哉。夫豈不義而曾子言之。是或一道也。天下有達尊三。爵一。齒一。德一。朝廷莫如爵。鄉黨莫如齒。輔世長民莫如德。惡得有其一以慢其二哉與平聲。慊口簟反。長上聲

慊。恨也。少也。或作嗛。字書以爲口銜物也。然則慊亦但爲心有所銜之義。其爲快爲足爲恨爲少。則因其事而

所銜有不同耳。孟子言我之意。非如景子之所言者。因引曾子之言而云夫此豈是不義而曾子肯以爲言。是或别有一種上聲道理也。達。通也。蓋通天下之所尊有此三者。曾子之說。蓋以德言之也。今齊王但有爵耳。安得以此慢於齒德乎。朱子曰。達尊之說。達。通也。三者不相值。則各伸其尊而無所屈。一或相値。則通視其重之所在而致隆焉。故朝廷之上。以伊周之忠聖耆老而祇奉嗣王。左右孺子。不敢以其齒德加焉。至論輔世長民之任。則太甲成王固拜手稽首於伊周之前矣。其迭爲屈伸以致崇極之義。不異於孟子之言也。故曰通視其重之所在而致隆焉。惟可與權者知之。爵也。齒也。蓋有偶然而得之者。是以其尊施於朝廷者則不及於鄉黨。施於鄉黨者則不及於朝廷。而人之敬之也。亦或以貌而不以心。惟德得於心。充於身。刑於家推於鄉黨而達於朝廷者也。曾子曰。彼以其富。其爵。我以吾義。吾仁。子思曰。事之云乎。豈曰友之云乎。孟子曰。

惡得有其一以慢其二哉。師弟子間意見之相合固如此。○雙峯饒氏曰。景子之言。是人臣事君之常。孟子之言。是人君尊賢之道。○東陽許氏曰。仁者循理樂天。安貧守分。故不知彼之富。義者審度事宜。進退有制。故不羡彼之爵。富只在彼。爵可加我。故用仁義字不同

故將大有爲之君。必有所不召之臣。欲有謀焉則就之。其尊德樂道。不如是。不足與有爲也。樂音洛

大有爲之君。大有作爲非常之君也。程子曰。古之人所以必待人君致敬盡禮而後往者。非欲自爲尊大也。爲去聲是故耳。雙峯饒氏曰。不如是。指謀焉則就之

故湯之於伊尹。學焉而後臣之。故不勞而王。桓公之於管仲。學焉而後臣之。故不勞而霸

先從受學師之也後以爲臣任之也雙峯饒氏曰何處見得學而後臣蓋學師之臣相之也觀伊尹之辭無所遜於湯桓之於管仲一則曰仲父二則曰仲父亦可見師之之意

今天下地醜德齊莫能相尚無他好臣其所教而不好臣其所受教好去聲

醜類也尚過也所教謂聽從於己可役使者也所受教謂己之所從學者也

湯之於伊尹桓公之於管仲則不敢召管仲且猶不可召而況不爲管仲者乎

不爲管仲孟子自謂也慶源輔氏曰不爲管仲孟子到此不得已而直言之不如是則公孫丑之徒終不足以知此義也范氏曰孟子之於齊處上聲賓師之位

非當仕有官職者。故其言如此。問賓師如何。朱子曰。當時有所謂客卿是也。大槩尊禮之而不居職任事。但召之則不往。○新安陳氏曰。若當仕有官職。乃可以其官召之耳。○此章見賓師不以趨走承順爲恭。而以責難陳善爲敬。新安陳氏曰。恭見於外貌者。故於趨走承順言之。敬存於中心者。故於責難陳善言之。人君不以崇高富貴爲重。而以貴德尊士爲賢。則上下交。而德業成矣。南軒張氏曰。孔子膰肉不至而去魯。不知者以爲爲肉。知者以爲爲無禮。皆非知孔子者。孟子不朝而出弔。不知者或以爲要君。知者則以爲太甚矣。公孫仲子以門人近屬猶不克知。何怪於景丑乎。將朝。禮也。聞王託疾之言而不往。義也。明日出弔。欲王深惟其故。取瑟意也。使仲子知孟子之心。則告之曰昔者疾。今日愈而出弔矣。豈不正大而何必爲是紛紛哉。王託疾要賢。邪志也。孟子方引以當道。可徇其邪志乎。孟子知人皆可爲堯舜。故以堯舜事望王。若以僕僕共命爲敬。則僕妾服役之事耳。孟子於公孫仲子告之不詳。二子學者也。欲其深省而自識。於景子陳義著明如此。景子大夫也。庶幾其有以啓悟王心焉。初不可召而後爲卿於齊。何也。王始不能如湯之於伊尹。猶望其感悟於終也。賢者伸縮變化。皆有深意存焉。○慶源輔氏曰。天地交而後萬物遂。上下交而後德業成。此自然之理也。世衰道微。君不知下賢。惟知恃勢以驕賢者。下不知自重。惟知自屈以諂時君。上日驕而下日諂。上下之情。扞格而不接。德之與業。渙散而無成。天下日趨於亂。而世俗猶以孟子爲迂闊。亦可悲矣。○新安陳氏曰。上下之交。惟不苟合。然後可合耳

○陳臻問曰。前日於齊。王餽兼金一百而不受。於宋餽七十鎰而受。於薛餽五十鎰而受。前日之不受是。則今日之受非也。今日之受是。則前日之不受非也。夫子必居一於此矣

陳臻。孟子弟子。兼金。好金也。其價兼倍於常者。一百。百

鎰音逸也

孟子曰皆是也

皆適於義也慶源輔氏曰陳臻則就事迹校量孟子則以義理斷制

當在宋也予將有遠行行者必以贐辭曰餽贐予何爲不受贐徐刃反

贐送行者之禮也

當在薛也予有戒心辭曰聞戒故爲兵餽之予何爲不受爲兵之爲去聲

時人有欲害孟子者孟子設兵以戒備之薛君以金餽孟子爲兵備辭曰聞子之有戒心也有其辭則義可受矣

若於齊，則未有處也。無處而餽之，是貨之也。焉有君子而可以貨取乎？（焉，於虔反。）

無遠行戒心之事，是未有所處（上聲）也。（未有所處，則無辭而義不可受矣。）取，猶致也。（朱子曰：取是羅致之意。輕受之，便是被他以貨賂籠絡了。問：處字是處物爲義之處否？曰：是。○南軒張氏曰：人於不當受而受，其動於物固也。當受不受，亦是爲物所動。何則？以其蔽於物而見物之大也。聖賢從容不迫，惟義之安，外物何有焉？物有大小，義之所在一耳。○新安陳氏曰：孟子辭受從容，惟義之安。陳臻欲辭則皆辭，受則皆受，而不知隨事以酌其義，固哉！）○尹氏曰：言君子之辭受取予（通作與），唯當（去聲）於理而已。（慶源輔氏曰：孟子於此無予，尹氏倂予言之者，學者觀此，非特可知辭與取之義，亦可知所予矣。）

○孟子之平陸，謂其大夫曰：子之持戟之士，一日而三失

伍則去之否乎曰不待三去上聲

平陸齊下邑也大夫邑宰也戟有枝兵也士戰士也伍行杭音列也去之殺之也

然則子之失伍也亦多矣凶年饑歲子之民老羸轉於溝壑壯者散而之四方者幾千人矣曰此非距心之所得爲也幾上聲

子之失伍言其失職猶士之失伍也距心大夫名對言此乃王之大政使然非我所得專爲也雙峯饒氏曰凶年說得闊如水旱疾疫之類饑歲只是五穀不熟

曰今有受人之牛羊而爲之牧之者則必爲之求牧與芻

矣。求牧與芻而不得，則反諸其人乎？抑亦立而視其死與？

曰：此則距心之罪也。爲去聲。死與之與平聲。

牧之，養之也。牧，牧地也。芻，草也。孟子言若不得自專，何不致其事而去？

他日見於王曰：王之爲都者，臣知五人焉。知其罪者，惟孔距心。爲王誦之。王曰：此則寡人之罪也。見音現。爲王之爲去聲。

爲都，治邑也。邑有先君之廟曰都。左傳莊公二十八年，築郿。非都也。凡邑有宗廟先君之主曰都，無曰邑。邑曰築，都曰城。周禮，四縣爲都，四井爲邑。然宗廟所在，雖邑曰都，尊之也。孔，大夫姓也。爲王誦其語，所以風曉王也。風去聲。○陳氏曰：陳氏名暘，字晉臣，三山人。孟子一言而齊之君臣舉知其罪，固足以興邦矣。然而齊卒不得爲善國者。豈非說音悅而不繹從而不改故邪慶源輔氏曰。孟子一言而齊之君臣擧知其罪者。理明辭達。長於譬喻。而能感發於人故也。然齊之君臣雖知其罪而終不能改繹者。志小氣輕。志小則易定。蓋原不曾有大底規模。氣輕則多率。多率則凡事說過便休。都無那自訟自責之意。如此。則何緣會改○雲峯胡氏曰。齊之君臣一時聞孟子之言。皆知其罪。天理之作明也。終於不改。人欲錮之也

○孟子謂蚳鼃曰。子之辭靈丘而請士師似也。爲其可以言也。今旣數月矣。未可以言與蚳音遲鼃烏化反爲去聲與平聲

蚳鼃齊大夫也。靈丘齊下邑。似也言所爲近似有理可以言。謂士師近王。得以諫刑罰之不中者中去聲

蚳鼃諫於王而不用致爲臣而去

致。猶還也

齊人曰。所以爲蚔鼃則善矣。所以自爲則吾不知也。爲去聲

譏孟子道不行而不能去也

公都子以告

公都子孟子弟子也

曰。吾聞之也。有官守者不得其職則去。有言責者不得其言則去。我無官守我無言責也。則吾進退豈不綽綽然有餘裕哉

官守。以官爲守者。言責。以言爲責者。綽綽寬貌。裕寬意也。孟子居賓師之位。未嘗受祿。故其進退之際寬裕如

此。

南軒張氏曰。孟子異乎蚳鼃。故得從容不迫。陳善閉邪以俟王之改。可徐觀乎進退之宜也。然卒致爲臣而歸。誠意備至。啓告曲盡而王終莫悟。則有去之而已。然三宿出晝。猶庶幾王之改。終從容不迫也。豈悻悻者能識之○慶源輔氏曰。距心有官守。蚳鼃有言責。鼃雖未自以爲罪。然諫不行能去。距心雖知其罪。然如是而止。不聞其能去也。鼃賢於距心矣○雙峯饒氏曰。餘裕是寬緩不迫之意。賓師從容規諷以漸而入。如今朋友相似。少焉不入亦當去。但寬得些子。不如那有官守言責者恁地逼迫。不得其職。不得其言。則目下便著休。或疑孔子不脫冕而行。與孟子之說不同。曰。正是一般。蓋孔子有去志久矣。但去得不恁地逼迫。後來膰肉不至。方不脫冕而行。且如衛靈公可謂無道。然亦以賓禮待孔子。故孔子在衛極多時。後來却因問陳。明日遂行。亦是久有去志。因此遂行耳

尹氏曰。進退久速。當於理而已

雲峯胡氏曰。集註前引尹氏言君子之辭受取予。惟當於理而已。此又引其言曰。進退久速。當於理而已。蓋天理人欲之幾最不可不辨。當辭而辭。是天理。受即非矣。可久而久。是天理。速即非矣。如此則當於理。不如此則涉於欲。故惟聖

人能審其幾焉

○孟子爲卿於齊，出弔於滕，王使蓋大夫王驩爲輔行。王驩朝暮見，反齊滕之路，未嘗與之言行事也。蓋古盍反。見音現。

蓋，齊下邑也。王驩，王嬖臣也。輔行，副使也。反，往而還也。行事，使事也。慶源輔氏曰：使事，謂弔祭之禮，邦交之儀。凡禮文制數皆是。

公孫丑曰：齊卿之位，不爲小矣；齊滕之路，不爲近矣。反之而未嘗與言行事，何也？曰：夫既或治之，予何言哉？夫音扶。

王驩蓋攝卿以行，故曰齊卿。夫既或治之，言有司已治之矣。孟子之待小人，不惡而嚴如此。南軒張氏曰：孟子雖爲卿而實賓師也。則夫禮文制數，固可付之於有司。是王驩雖曰輔行，然齊王之意，特欲藉孟子以爲重。有司之事，不敢以煩而驩則行之也。孟子特綂其大綱於上。而驩則共其事於下。若驩於事上之禮有失。邦交之儀有曠。則孟子固不免有言以正其事之失也。彼既或治之。未見有可正之事。則亦烏用有言哉。○慶源輔氏曰。夫既或治之。正答公孫丑未嘗與之言行事一句。孟子言使事有司既已治之而得其宜矣。自不須更與王驩言也。只此句。使見孟子之待小人不惡而嚴之意。使有司不能治其事。於禮儀制數有曠闕不齊整處。而孟子固不與驩言而亟之。則非所謂不惡矣。今有司既已能治辦其事而猶與之言。則便有徇之之意。而不可謂之嚴矣。然自常情觀之。孟子之不與驩言。不以爲惡之而不欲與之言。則以爲易之而不足與之言矣。夫惡之而不欲與之言則隘。易之而不足與之言則忽。隘與忽。孟子無是心也。但言有司既已能治辦其事而不與之言。則亦是順理之事。而其中自有不惡而嚴之意耳。故愚嘗謂君子之待小人。有正己而無屈意。有容德而無過禮。惡惡之心雖不能無。然亦不爲已甚之疾也。○新安陳氏曰。君子以遠小人。不惡而嚴。易遯卦大象傳文。孟子於王驩不欲與言。於弔公行子亦可見。今答丑不過平平說。所以不與言之意未始及也。蓋欲使丑自悟耳。○治之。朱子以

爲有司南軒以爲驩正是治之者

○孟子自齊葬於魯反於齊止於嬴充虞請曰前日不知虞之不肖使虞敦匠事嚴虞不敢請今願竊有請也木若以美然

孟子仕於齊喪去聲母歸葬於魯嬴齊南邑充虞孟子弟子嘗董治作棺之事者也嚴急也木棺木也以已通以美太美也

曰古者棺槨無度中古棺七寸槨稱之自天子達於庶人非直爲觀美也然後盡於人心稱去聲

度厚薄尺寸也中古周公制禮時也槨稱之與棺相稱

也。欲其堅厚久遠。非特爲人觀視之美而已。直。但也○慶源輔氏曰。人子之喪親所以爲之棺椁者。蓋欲其堅厚以歷久遠而已。非是欲爲人觀視之美也。蓋必如此。然後於人心爲盡耳。盡於人心此一句。須當自體之。若後世之厚葬。却只是欲爲人觀美之故也○古者棺椁無度。想只是過於厚。觀易喪葬取之大過可見。至周公制禮時。始爲七寸之制也。棺七寸。則椁亦七寸也○雙峯饒氏曰。周七寸。只如今四寸許。

不得。不可以爲悅。無財。不可以爲悅。得之爲有財。古之人皆用之。吾何爲獨不然。不得。謂法制所不當得。得之爲有財。言得之而又爲有財也。或曰。爲當作而。慶源輔氏曰。不得。得之泛說葬禮。如重累之數。牆翣之飾。既有定制。則不可得以爲悅。非獨指棺椁而言也。

且比化者無使土親膚於人心獨無恔乎比必二反恔音效

比。猶爲去聲下同也。化者。死者也。恔。快也。言爲死者不使土親近其肌膚。於人子之心。豈不快然無所恨乎。

吾聞之也。君子不以天下儉其親

送終之禮。所當得爲而不自盡。是爲去聲天下愛惜此物而薄於吾親也。問不以天下儉其親。朱子曰。以。猶爲也。不爲天下惜棺椁之費而儉於其親也。王氏中說記太原府君之言。布被二十年不易。曰無爲費天下也。文意畧與此同。○呂氏曰。註云所當得爲而不自盡。則便是倒行逆施。不順理。底於所厚者薄。則無所不薄矣。墨子之葬。以薄爲道者。即是此意。○新安陳氏曰。此章當味盡於人心。及悅與恔字。人子事親至葬而終。凡附於身與棺。必誠必信。勿之有悔焉。蓋不如是無以盡於吾心。不爲悅。不爲恔也。必悅且恔。然後於心爲盡。不得爲而僭爲。與可爲而不爲。皆非盡於人心。

曰不得不可以為悅。則制不得為者決不敢過。曰得之有財何獨不然。則力所能為者亦何忍於不及厚。所當厚而不儉於親。無非天理也。盡於人心。盡天理而已矣

○沈同以其私問曰。燕可伐與。孟子曰。可。子噲不得與人燕。子之不得受燕於子噲。有仕於此而子悅之。不告於王而私與之吾子之祿爵。夫士也亦無王命而私受之於子。則可乎。何以異於是。伐與之與平聲下伐與殺與與同夫音扶

沈同。齊臣。以私問。非王命也。子噲子之事見形甸反下一節解見音同前篇。諸侯土地人民受之天子傳之先君。私以與人則與者受者皆有罪也。仕。為官也。士。即從仕之人也。慶源輔氏曰。沈同問燕可伐否耳。固不問以齊伐燕為如何也。若是以王命來問。孟子必當詳告之。不但曰可而已

也○註云與者受者皆有罪謂不由其道妄取妄予如子噲子之之徒者由其道則三聖之授受乃先天而天弗違之事不可以罪言也

齊人伐燕或問曰勸齊伐燕有諸曰未也沈同問燕可伐與吾應之曰可彼然而伐之也彼如曰孰可以伐之則將應之曰為天吏則可以伐之今有殺人者或問之曰人可殺與則將應之曰可彼如曰孰可以殺之則將應之曰為士師則可以殺之今以燕伐燕何為勸之哉

天吏解見上篇言齊無道與燕無異如以燕伐燕也史記亦謂孟子勸齊伐燕蓋傳聞此說之誤○楊氏曰燕固可伐矣故孟子曰可使齊王能誅其君弔其民何不

可之有。乃殺其父兄。虜其子弟。而後燕人畔之。乃以是歸咎孟子之言。則誤矣。朱子曰。孟子言伐燕處有四。燕父子君臣如此。固有可伐之理。然孟子不曾教齊不伐。亦不曾教齊必伐。但曰惟天吏則可以伐之○或謂孟子於沈同之問。咼爲不盡其辭以告之。曰。沈同固非能伐燕者。且其以私來問。又不言齊之將伐燕也。則直以可伐之理告之足矣。若遂探其情而預設辭以伐之。則是猜防險詖之私爾。豈所謂聖賢之心哉。且齊雖無道。若能拯燕之遺民於水火之中。而無殺戮繫累之暴。則其伐之也。亦何爲而不可哉○雙峯饒氏曰。惟士師則可以殺有罪之人。泛泛如何可以擅殺。惟天吏可以伐無道之國。諸侯如何可以擅相征伐。天吏。天所命者。士師。君所命者。天吏以其有道。故天命之征伐。如湯武是也。沈同安曉此理。但知人之可伐而不知己之不可伐人

○燕人畔。王曰。吾甚慚於孟子。

齊破燕後二年。燕人共立太子平爲王平即昭王

陳賈曰：王無患焉。王自以爲與周公孰仁且智？王曰：惡！是何言也？曰：周公使管叔監殷，管叔以殷畔。知而使之，是不仁也；不知而使之，是不智也。仁智，周公未之盡也，而况於王乎？賈請見而解之。惡、監，皆平聲。

陳賈，齊大夫也。管叔，名鮮，武王弟，周公兄也。武王勝商殺紂，立紂子武庚，而使管叔與弟蔡叔、霍叔監其國。武王崩，成王幼，周公攝政，管叔與武庚畔，周公討而誅之。

見孟子，問曰：周公何人也？曰：古聖人也。曰：使管叔監殷，管叔以殷畔也，有諸？曰：然。曰：周公知其將畔而使之與？曰：不知也。然則聖人且有過與？曰：周公，弟也；管叔，兄也。周公之

過不亦宜乎

言周公乃管叔之弟管叔乃周公之兄然則周公不知管叔之將畔而使之其過有所不免矣或曰周公之處上聲下同管叔不如舜之處象何也游氏曰象之惡已著而其志不過富貴而已故舜得以是而全之若管叔之惡則未著而其志其才皆非象比也周公詎忍逆探平聲其兄之惡而棄之邪周公愛兄宜無不盡者管叔之事聖人之不幸也舜誠信而喜象周公誠信而任管叔此天理人倫之至其用心一也程子曰象憂亦憂象喜亦喜蓋天理人情於是爲至舜之於象周公之於管叔其用心一也夫管叔未嘗有惡也使周公逆知其將畔果何心哉惟管叔之畔非周公所

能知則其過有所不免矣故孟子曰周公之過不亦宜乎○問周公誅管叔自公義言之其心固正大直截自私恩言之其情終有不自滿處所以孟子謂周公之過不亦宜乎者以此朱子曰周公豈得已爲此哉莫到恁地較好胡氏云象得罪於舜故封之管蔡流言將危周公以間王室得罪於天下故誅之非周公誅之天下之所當誅周公豈得而私之哉舜處其常周公處其變此聖人所以同歸於道也○慶源輔氏曰周公不忍料兄之惡而使之故不免有過是以孟子亦言周公之過不亦宜乎不說周公無過也○雲峯胡氏曰詐忍逆探其兄之惡而棄之此一句最見得周公之用心舜之心誠信而喜象不忍逆以其弟爲詐舜爲兄之道盡矣周公之心誠信而任管叔不忍逆以其兄爲畔周公爲弟之道盡矣故曰此天理人倫之至人倫即是天理特分而言之天理其自然者人倫其當然者爾

且古之君子過則改之今之君子過則順之古之君子其過也如日月之食民皆見之及其更也民皆仰之今之君

子豈徒順之又從而爲之辭更平聲
順猶遂也更改也辭辯也更之則無損於明故民仰之
順而爲之辭則其過愈深矣責賈不能勉其君以遷善
改過而教之以遂非文過也新安陳氏曰孟子竊賈爲君文過之心於不言
之表而責之○林氏曰齊王慙於孟子蓋羞惡去聲之心有不
能自已者使其臣有能因是心而將順之則義不可勝
平聲用矣而陳賈鄙夫方且爲去聲之曲爲辯說而沮在呂反
其遷善改過之心長上聲其飾非拒諫之惡故孟子深責
之然此書記事散出而無先後之次故其說必參考而
後通若以第二篇十章齊人伐燕勝之章十一章齊人伐燕取之章置

之前章之後。此章之前。則孟子之意不待論說而自明矣。南軒張氏曰。周公於管叔。親愛之而不知其將畔。其過也宜矣。賈爲君文過。過之中又生過焉。〇汪氏曰。己富貴而兄弟無位。仁者弗爲也。兄弟惡未萌而以惡逆之。智者弗爲也。自陳賈觀之。以周公爲仁智未之盡。由君子觀之。周公實仁且智者也。不期以畔而卒至於畔。不免於過。乃所遭之不幸也。及其畔也。不以私恩害公義。誅之以安宗社天下。是於過爲能改矣。其不得已而行權也。

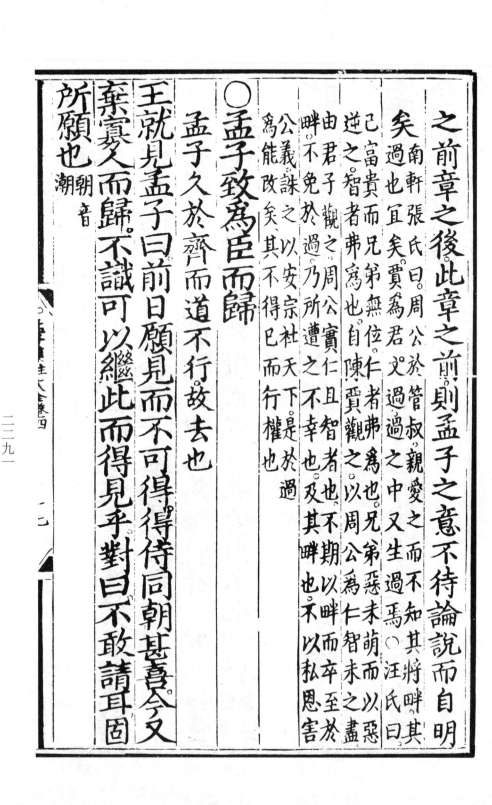

〇孟子致爲臣而歸

孟子久於齊而道不行。故去也

王就見孟子曰。前日願見而不可得。得侍同朝甚喜。今又棄寡人而歸。不識可以繼此而得見乎。對曰。不敢請耳。固所願也。朝音潮

新安陳氏曰。謙言得侍賢者。同朝者皆甚喜

他日王謂時子曰。我欲中國而授孟子室。養弟子以萬鍾。使諸大夫國人皆有所矜式。子盍為我言之為去聲

時子。齊臣也。中國。當國之中也。萬鍾。穀祿之數也。鍾。量去聲名。受六斛四斗。矜。敬也。式。法也。盍。何不也。趙氏曰。四豆為區。區受斗六升。四區為釜。釜受六斗四升。十釜為鍾。鍾受六斛四斗

時子因陳子而以告孟子。陳子以時子之言告孟子

陳子即陳臻也

孟子曰。然。夫時子惡知其不可也。如使予欲富。辭十萬而受萬。是為欲富乎夫音扶。惡平聲

孟子既以道不行而去則其義不可以復扶又反留而時子不知則又有難顯言者故但言設使我欲富則我前日爲卿嘗辭十萬之禄今乃受此萬鍾之饋是我雖欲富亦不爲此也

况本非欲富乎○慶源輔氏曰齊王告時子是就人欲中計較孟子之意道合則從不合則去惡用是多端爲哉○註云孟子有難顯言者顯言之則訐揚齊王之失而有衒於我固所願之仁

季孫曰異哉子叔疑使己爲政不用則亦已矣又使其子弟爲卿人亦孰不欲富貴而獨於富貴之中有私龍斷焉

龍音壟

此孟子引季孫之語也季孫子叔疑不知何時人龍斷岡壟之斷而高也義見形甸反下文蓋子叔疑者嘗不用

而使其子弟爲卿。季孫譏其既不得於此而又欲求得於彼。如下文賤丈夫登龍斷者之所爲也。孟子引此以明道既不行。復扶又反受其禄則無以異此矣慶源輔氏曰擧季孫所譏子叔疑之事以見我不敢做此之意。辭禄而受饋雖多寡之不同。畢竟是既不得於此而又求得於彼也

古之爲市者。以其所有易其所無者。有司者治之耳。有賤丈夫焉。必求龍斷而登之。以左右望而罔市利。人皆以爲賤。故從而征之。征商自此賤丈夫始矣

孟子釋龍斷之説如此。治之。謂治其爭訟。左右望者。欲得此而又取彼也。罔。謂罔羅取之也。雙峯饒氏曰。左右望。是欲全得之。萬一不得於此。亦可得於彼。不得於此。是譬喻辭十萬。得於彼。是譬喻受萬從而征之。謂人惡

去聲其專利故就征其稅後世緣此遂征商人也慶源輔氏曰文王關譏不征是三代之初皆如此○新安陳氏曰孟子有引喻以終之而不復說上正意者此章之類是也

○程子曰齊王所以處上聲孟子者未爲不可孟子亦非不肯爲國人矜式者但齊王實非欲尊孟子乃欲以利誘之故孟子拒而不受新安陳氏曰齊王固不得待孟子之道尤爲不知孟子之心

○孟子去齊宿於晝晝如字或曰當作畫音獲下同

晝齊西南近邑也

有欲爲王留行者坐而言不應隱几而臥爲去聲下同隱於靳反

隱憑也客坐而言孟子不應而臥也

客不悅曰弟子齊宿而後敢言夫子臥而不聽請勿復敢

見矣。曰。坐。我明語子。昔者魯繆公無人乎子思之側。則不能安子思。泄柳申詳無人乎繆公之側。則不能安其身。齊側皆反，復扶又反，語去聲。

齊宿。齊、戒越宿也。繆音穆。公尊禮子思。常使人候伺音笥道去聲達誠意於其側。乃能安而留之也。泄柳。魯人。申詳。子張之子也。繆公尊之不如子思。然二子義不苟容。非有賢者在其君之左右維持調護之。則亦不能安其身矣。

問泄柳申詳無人乎繆公之側。則不能安其身。二子之賢。其心固如是乎。朱子曰。非謂二子之心倚君側之人也。語其勢則然耳。若二子之心如此。則與世之垢面汙行而事君側便嬖之人者。何以異乎。○慶源輔氏曰。繆公好賢之切。惟恐有不當其意者。常使人道達誠意。乃能安而留之。泄柳嘗閉門以避繆公。不苟合可見。申詳見禮記。與泄柳並稱。其賢可知。繆公待子思。恐子思不察己之誠也。二子非有賢者調護之。則又恐君不察己之誠也。德若子思。則自有此應。若只及得二子。則自處又當如此。下此則苟容以徇君者也

子爲長者慮。而不及子思。子絶長者乎。長者絶子乎。長上聲

長者。孟子自稱也。言齊王不使子來。而子自欲爲爲去聲。下以爲同王留我。是所以爲我謀者不及繆公留子思之事。而先絶我也。我之卧而不應。豈爲先絶子乎。慶源輔氏曰。孟子之自處不在子思之下。故意或人之爲我謀。不及繆公留子思之事也。蓋有欲爲王留行者。雖有愛賢之意。而不知待賢者之禮。故孟子告之如此。○新安倪氏曰。孟子之於齊。齊王既不能如繆公之待子思。固無以安孟子矣。次焉而齊之羣臣。又無賢者爲之維持調護。孟子亦豈能安其身哉。孟子之德。無愧子思。齊王如繆公之待子思。宜也。故末又以不及子思爲言。泄柳申詳之事。姑引以言齊之無賢臣耳

○孟子去齊尹士語人曰不識王之不可以爲湯武則是不明也識其不可然且至則是干澤也千里而見王不遇故去三宿而後出晝是何濡滯也士則茲不悅

尹士齊人也干求也澤恩澤也濡滯遲留也

高子以告

高子亦齊人孟子弟子也

曰夫尹士惡知予哉千里而見王是予所欲也不遇故去豈予所欲哉予不得已也夫音扶下同惡平聲

見王欲以行道也今道不行故不得已而去非本欲如此也

予三宿而出晝於予心猶以爲速王庶幾改之王如改諸
則必反予
所改必指一事而言然今不可考矣
夫出晝而王不予追也予然後浩然有歸志予雖然豈舍
王哉王由足用爲善王如用予則豈徒齊民安天下之民
舉安王庶幾改之予日望之
浩然如水之流不可止也楊氏曰齊王天資朴實如好
勇好貨好色好世俗之樂皆以直告而不隱於孟子故
足以爲善若乃其心不然而謬爲大言以欺人是人終
不可與入堯舜之道矣何善之能爲

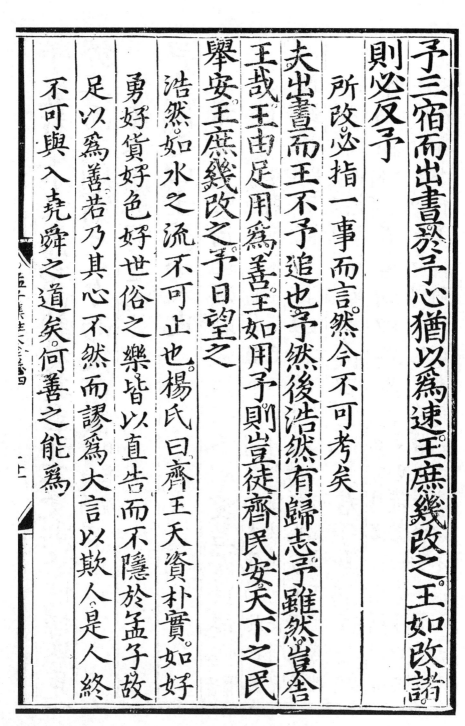

予豈若是小丈夫然哉諫於其君而不受則怒悻悻然見於其面去則窮日之力而後宿哉（悻形頂反　見音現）

悻悻怒意也窮盡也

尹士聞之曰士誠小人也

此章見聖賢行道濟時汲汲之本心愛君澤民惓惓（音權）之餘意（○慶源輔氏曰集註本心謂其初本欲如此也餘意則後來不得已之意耳詳玩此兩句便可見聖賢之心千里見王王如用予豈特齊民安天下之民舉安此其行道濟時汲汲之本心三宿出晝王庶幾改之予曰望之此其愛君澤民惓惓之餘意）李氏曰於此見君子憂則違之之情而荷（何可反）蕢者所以爲果也（易乾卦文言樂則行之憂則違之○朱子曰孟子與荷蕢皆是憂則違之但荷蕢者果於去不若孟子之遲遲吾行蓋得時行道者聖人之本心不遇而去者

聖人之不得已。此與孔子去魯之心同。蓋聖賢憂世濟時之誠心。非若苟賁之果於去也。○南軒張氏曰。齊王資雖鈍而不敏。然異夫飾非矯情以自欺欺人者。故孟子有望焉。以為王如用予天下舉安。蓋其安天下之道。已素定於胸中。而其本則在於格君心。故拳拳望王之改之也。若夫諫而不用。去則窮日而後宿者。是私意所發。其諫也固無誠意之感。其去也又無忠厚之氣。眞小丈夫哉。○雙峯饒氏曰。方其來也。只望齊王能行其道。及其去也。又望王能改過。此聖賢仁厚之意。蓋決然去者義也。欲去不去者仁也。李氏所以說憂則違之之情。憂只是不樂違去也。當看情字。○雲峯胡氏曰。孟子憂則違之。若與苟賁同。而其憂則違之之情。與苟賁之趣然忘情者大不同也。○新安陳氏曰。孟子所歷。如滕文雖慕道。然國微弱。道必難行。其次如魯沮於臧倉。又必不行。大國。齊梁也。梁惠不足與有行。襄尤劣矣。庶幾焉者。其齊宣乎。齊有易以安天下之勢。孟子又有安天下之道。王天資誠朴。若可與有行者。所以拳拳望之有不能自已焉。於此終不遇合。則孟子之道。知其不行矣

○孟子去齊。充虞路問曰。夫子若有不豫色然。前日虞聞

諸夫子曰。君子不怨天。不尤人

路問於路中問也。豫悅也。尤過也。此二句實孔子之言

蓋孟子嘗稱之以教人耳

曰。彼一時。此一時也

彼前日。此今日 新安陳氏曰。前日言不怨尤之時。與今日所遇之時不同

五百年必有王者興。其間必有名世者

自堯舜至湯。自湯至文武。皆五百餘年而聖人出。名世。謂其人德業聞去聲望可名於一世者。爲之輔佐。若臯陶稷契私列反伊尹萊朱。太公望。散素亶反宜生之屬

由周而來。七百有餘歲矣。以其數則過矣。以其時考之則

可矣

周。謂文武之閒。數。謂五百年之期。時。謂亂極思治。治去聲可以有爲之日。於是而不得一有所爲。此孟子所以不能無不豫也

夫天未欲平治天下也。如欲平治天下。當今之世舍我其誰也。吾何爲不豫哉夫音扶舍上聲

言當此之時而使我不遇於齊。是天未欲平治天下也。然天意未可知。而其具又在我。我何爲不豫哉。新安陳氏曰天意或欲平治天下。亦未可知。其具。謂能平治天下之道也。然則孟子雖若有不豫然者。而實未嘗不豫也。蓋聖賢憂世之志。樂音洛天之誠有

並行而不悖者。於此見矣朱子曰。或問文中子曰。聖人有憂乎。曰天下皆憂。吾獨得不憂。又曰樂天知命吾何憂。若孟子不忘天下之憂而亦不害其樂天知命之樂。其庶幾乎○慶源輔氏曰。不能無不豫。憂世之志也。實未嘗不豫。樂天之誠也。憂樂自常情觀之則相反。自聖賢言之則並行而不悖也○自五百年至則可矣。觀之則孟子不能無不豫然也。自夫天未欲平治以下觀之則孟子實未嘗不豫也○雙峯饒氏曰。孟子到此亦未如之何。所以只得歸之天

○孟子去齊居休。公孫丑問曰。仕而不受祿古之道乎

休地名

曰非也。於崇吾得見王。退而有去志。不欲變。故不受也

崇亦地名。孟子始見齊王。必有所不合。新安陳氏曰。道不行於齊其幾已先見乎此故有去志。變謂變其去志

繼而有師命不可以請久於齊非我志也

師命師旅之命也國既被兵難請去也新安陳氏曰恐只是因師旅之事而戒嚴耳○孔氏曰仕而受祿禮也不受齊祿義也義之所在禮有時而變公孫丑欲以一端裁之不亦誤乎南軒張氏曰孟子之去齊三宿出晝猶以爲速而謂初見有去志久於齊非我志何也蓋孟子雖庶幾齊王之可已與有爲而可去之幾未嘗不先覺也初見察王之情必有不能受者又以其質亦有可取故不受其祿姑留以觀其感悟與否也初志雖欲去而猶有望焉豈徒爲苟留也哉此篇載孟子於齊始終去就久速之義甚備學者所宜深究也○慶源輔氏曰禮則有常義則有權如君命召不俟駕禮也有不召之臣便是義孔氏謂仕而受祿禮也不受齊祿義也說得自好○雙峯饒氏曰有見行可之仕有際可之仕有公養之仕孟子當時見王於崇便有不合處難於委質爲臣所以止爲際可之仕見行可者見這道理漸可行也孟子自崇既退之後未

見其道之可行。所以終。於不受祿○新安陳氏曰。不受卿祿。此孟子最高處。其超然不屈。進退餘裕。本全在此。一受其祿。則爲祿所縻。是爲祿而仕耳。十萬之祿。脫屣而去。齊王猶欲以萬鍾縻之。豈知孟子者。吾意戰國之世高節如許。惟孟子一人而已。庶幾焉者。其魯仲連乎

孟子集註大全卷之四

孟子集註大全卷之五

滕文公章句上

凡五章

滕文公爲世子。將之楚。過宋而見孟子。

世子。太子也

孟子道性善。言必稱堯舜。

道。言也。性者。人所稟於天以生之理也。渾上聲然至善。未嘗有惡。人與堯舜。初無少異。但衆人汩音骨於私欲而失之。堯舜則無私欲之蔽。而能充其性爾。新安陳氏曰。四端章雖言性情之理。而性字未說出。性字始見於此。而詳見告子盡心篇。充其性。即擴而充之之充故孟子與世子言每道性善。而必稱堯舜以實之。欲其知仁義不假外求。聖人可學而至。而不懈居隘反於用力也。新安陳氏曰。集註已包後面成覸等三說之意。門人不能悉記其辭。而撮其大旨如此。慶源輔氏曰。朱子既斷孟子之書以爲孟子自著。則似此處皆當改。此是後來不曾改得。程子曰。性即理也。天下之理。原其所自。未有不善。喜怒哀樂音洛未發。何嘗不善。發而中節。即無往而不善。發不中節。然後爲不善。故凡言善惡。皆先善而後惡。言吉凶。皆先吉而後凶。言是非。皆先是而後非。問孔子言性與天道不可得而聞。孟子乃開口便說性善。是如何。朱子曰。孟子也只是大槩說性善。至於性之所以善處也少說。須是如說一陰一陽之謂道。繼之者善也。成之者性也。方是說性與天道耳。○易言繼善是指未生之前。孟子言性善。是指已生之後。雖曰已生。然其本體初不相離也。○孟子見滕文公便道性善，他欲人先知得一箇本原，則爲善必力，去惡必勇。○伊川謂性即理也一句，直自孔子後惟伊川說得盡，這一句便是千萬世說性之根基。理是箇公共底物事，不解會不善。人做不是，自是失了性，却不是壞了著修。又曰：未發之前，氣不用事，所以有善而無惡。○性善者，以理言之；稱堯舜者，質其事以實之，所以互相發也。其意蓋曰：知性善則知堯舜之必可爲矣，知堯舜之可爲則其於性善也信之益篤而守之益固矣。○問：性善之性與堯舜性之之性如何？曰：性善之性實，性之之性虛。性之只是合下稟得，自下便將來受用。○性善，故人皆可爲堯舜，必稱堯舜，所以驗性善之實。○問：人未能便至於堯舜，而孟子言必稱之，何也？曰：道性善與稱堯舜，二句正相表裏。蓋人之不至於堯舜者，是他力量不至，固無可奈何，然人須當以堯舜爲法。人到得堯舜地位，方做得一箇人，無所欠闕，然也只是本分事，這便是止於至善。○問：孟子道性善，看來孟子言赤子將入井，有怵惕惻隱之心，此只就情上見，如言孩提之童無不愛其親，亦只是就情上說。曰：未發時，怵惕惻隱與孩提愛親之心皆在裏面了，少間發出來即是未發底物事。靜也只是這物事。動也只是這物事。如孟子所說。正要人於發動處見得。是這物事。即是這物事。靜時所養底物事。靜時若存守得這物事。則日用流行即是這物事。而今學者且要識得動靜只是一箇物事。○問孟子道性善。蓋謂性無有不善也。明道乃以爲善固性也。然惡亦不可不謂之性。其義如何。潛室陳氏曰。纔識氣質之性。即善惡方各有著落。不然。則惡從何處生。以孟子說未備。故程門發此義。孟子專說義理之性。則惡無所歸。是論性不論氣。孟子之說爲未備。專說氣稟。則善爲無別。是論氣不論性。諸子之論所以不明夫本也。程子兼氣質論性。○雲峯胡氏曰。孔子亦嘗說性善。曰繼之者善。成之者性。但善字從造化發育處說。不從人生稟受處說。子思曰天命之謂性。率性之謂道。正是從源頭說性之本善。但不露出一善字。性善之論自孟子始發之。集註釋性者人稟於天以生之理也。此一句便闢倒告子所謂生之謂性。蓋生不是性。生之理是性。天地間豈有不好底道理。故曰渾然至善。未嘗有惡。古今只是一箇道理。故曰人與堯舜初無少異。孟子道性善。言其理也。稱堯舜以實之。言其事也。天下無理外之事。能爲堯舜所爲之事。便是不失吾所得以生之理。然而人不能皆堯舜者。氣質之拘物欲之蔽也。集註言物欲不言氣質。蓋以孟子不曾說到氣質之性。故但據孟子之意言之。程子曰。性善二字。孟子擴前聖之所未發。而有功於聖門。愚亦敢曰。性即理也一句。程子擴前聖所未發。而有功於孟子。○新安陳氏曰。性善是虛說其理。稱堯舜。是指能盡性之人。以實其說。如朱子著小學書。列立教明倫於前。盡是說其理。列實立教實明倫於後。並是實有是人。實有是事。以實前面之說。此之謂實之。何以驗人性之善哉。觀堯舜能盡其性而爲大聖人。則可以知同有是性者之皆可以爲聖人。而不懈於學聖人矣。所以言性善。而必稱堯舜以實之歟

世子自楚反。復見孟子。孟子曰。世子疑吾言乎。夫道一而已矣復扶又反夫音扶

時人不知性之本善。而以聖賢爲不可企及。故世子於孟子之言不能無疑。而復來求見。蓋恐別有卑近易去聲

行之說也。孟子知之。故但告之如此。以明古今聖愚本同一性。前言已盡。無復扶又反下同有他說也。朱子曰。當戰國之時。聖學不明。天下之人但知功利之可求。而不知己性之本善聖賢之可學。聞是說者。非惟不信。往往亦不復致疑於其間。若文公則雖未能盡信。而已能有所疑矣。是其可與進道之萌芽也。故孟子於其去而復來。迎而謂之曰。世子疑吾言乎。而又告之曰。夫道一而已矣。蓋古今聖愚同此一性。則天下固不容有二道。但在篤信力行。則天下之理雖有至難。猶必可至。況善乃人之所本有。而爲之不難乎。○雲峯胡氏曰。按饒氏謂道一而已矣。與性一而已矣不同。性以所稟言之。道以所由言之。集註此處說得性字稍重。愚謂集註不曰同一道而曰同一性者。蓋推本而言。欲自上文性善說來。性之外也無所謂道。同此性。即同此道。又何疑焉

成覸謂齊景公曰。彼丈夫也。我丈夫也。吾何畏彼哉。顏淵曰。舜何人也。予何人也。有爲者亦若是。公明儀曰。文王我

師也。周公豈欺我哉。覸古莧反

成覸，人姓名。彼，謂聖賢也。有為者亦若是，言人能有為則皆如舜也。公明，姓。儀，名。魯賢人也。文王我師也，蓋周公之言。公明儀亦以文王為必可師，故誦周公之言而歎其不我欺也。孟子既告世子以道無二致，而復引此三言以明之，欲世子篤信力行以師聖賢，不當復求他說也。朱子曰：孟子引三段說話，教人如此發憤勇猛向前。日用之間，不得存留一毫人欲之私在這裏。此外更無別法。若如此有箇奮迅興起處，方有田地可下工夫。不然，則是畫脂鏤冰，無真實得力處。○雲峯胡氏曰：性之本善，堯舜無異於人。行之不力，人自異於堯舜。

今滕絶長補短，將五十里也，猶可以為善國。書曰：若藥不

瞑眩厥疾不瘳（瞑莫甸反　眩音縣）

絶。猶截也。書商書說（音悅）命篇。瞑眩。憒（古對反）亂。言滕國雖小。猶足爲治。（去聲）但恐安於卑近。不能自克。則不足以去（上聲）惡而爲善也。（朱子曰。滕小。不過如今一鄉。孟子只說可爲善國。終不成以告齊梁之君者告之。○人要爲聖賢。須是猛起。如服瞑眩之藥。以除深痼之疾。直是不可悠悠。○蔡氏曰。方言云。飲藥而毒。海岱之間謂之瞑眩。○勉齋黄氏曰。歷引三人之言。所以釋滕文之疑。終以藥瞑眩。所以厲其志。○雙峯饒氏曰。前面文公再去見孟子時。是疑其資禀凡下。不可以爲堯舜。故孟子以成覸以下三說答之。末後孟子恐文公又自疑其土地狹小。故以瞑眩之說告之。文公後來也能問喪禮。問經界。亦足見其有爲處。）○愚按孟子之言性善。始見（形甸反）於此。而詳具於告子之篇。然默識（如字）而旁通之。則七篇之中無非此理。其所以擴前聖之未發而有功於聖人之門。程子之言信矣。西山眞氏曰。七篇之中無非此理者。如言仁義。言四端。蓋其大者。至於因齊王之愛牛而勸之以行王政。亦因其性善而引之當道也。以此推之。他可識矣。○新安陳氏曰。林氏於下章言喪禮處。謂可驗人性之善。亦當以此意類推之

○滕定公薨。世子謂然友曰。昔者孟子嘗與我言於宋。於心終不忘。今也不幸至於大故。吾欲使子問於孟子。然後行事

定公。文公父也。然友。世子之傅也。大故。大喪也。事。謂喪禮

然友之鄒問於孟子。孟子曰。不亦善乎。親喪固所自盡也。曾子曰。生事之以禮。死葬之以禮。祭之以禮。可謂孝矣。諸

侯之禮吾未之學也。雖然，吾嘗聞之矣：三年之喪，齊疏之服，飦粥之食，自天子達於庶人，三代共之。」（齊音資。疏所居反。飦諸延反。）

當時諸侯莫能行古喪禮，而文公獨能以此爲問，故孟子善之。又言父母之喪，固人子之心所自盡者。蓋悲哀之情，痛疾之意，非自外至，宜乎文公於此有所不能自已也。但所引曾子之言，本孔子告樊遲者，豈曾子嘗誦之以告其門人歟？三年之喪者，子生三年，然後免於父母之懷，故父母之喪必以三年也。齊，衣下縫也。（縫音逢。）不緝（七入反）曰斬衰（音催，下同），緝之曰齊衰。疏，麤也，麤布也。飦，糜也。喪禮：三日始食粥，既葬乃疏食。（音嗣。○記：喪大記：君之喪，子、大夫、公子、衆士皆三日不食。子大夫公子食粥。士疏食水飲。夫人世婦諸妻皆疏食水飲。大夫之喪。主人室老子姓皆食粥。衆士疏食水飲。室老。其貴臣也。衆士。謂衆臣。妻妾疏食水飲。士亦如之。既葬。主人疏食水飲。不食菜果。婦人亦如之。君大夫士一也。練而食菜果。祥而食肉。此古今貴賤通行之禮也。朱子曰。孟子說制度。皆舉其綱而已。如田之十一。喪之自天子達之類。○孟子答滕文公喪禮。不說到細碎上。只說齊疏之服。飦粥之食。自天子達於庶人。這二項便是大原大本。自盡其心。喪禮之大本也。三年齊疏。飦粥。喪禮之大經也。孟子生戰國。不得見先王全經矣。然其學得孔氏之正傳。而於文武之道識其大者。故其考論制度雖若疏闊。而於大本大經之際。則有不可得而亂者。以是爲主而酌乎人情世變。以文之。則禮雖先王未之有。亦可以義起矣。後世議禮者不明乎此。故常以其度數節文之小不備而不敢爲。卒以就乎大不備而後已。此劉向所以深嘆之也。然無孟子之學而強爲之。如叔孫通曹褒之流。是又不免乎私意之鑿而已矣。○趙氏曰。自天子達於庶人。是無貴賤之別。三代共之。是無古今之異。

然友反命。定爲三年之喪。父兄百官皆不欲。曰。吾宗國魯先君莫之行。吾先君亦莫之行也。至於子之身而反之。不可。且志曰。喪祭從先祖。曰。吾有所受之也。

父兄同姓老臣也。滕與魯俱文王之後。而魯祖周公爲長(上聲)兄弟宗之。故滕謂魯爲宗國也。然謂二國不行三年之喪者。乃其後世之失。非周公之法本然也。志。記也。引志之言而釋其意。以爲所以如此者。蓋爲(去聲)上世以來有所傳受。雖或不同。不可改也。然志所言。本謂先王之世舊俗所傳禮文小異。而可以通行者耳。不謂後世失禮之甚者也。朱子曰。古宗國。如周公兄弟之爲諸侯者。則皆以魯國爲宗。至戰國時。滕猶稱魯爲宗國也○南軒張氏曰考滕世子問孟子之辭則三年之喪其廢也久矣其在周之末世乎故曰吾宗國魯先君莫之行吾先君亦莫之行也又曰喪祭從先祖吾有所受之也然則其廢也久矣世之治亂此豈非其根柢耶

謂然友曰吾他日未嘗學問好馳馬試劒今也父兄百官不我足也恐其不能盡於大事子爲我問孟子然友復之鄒問孟子孟子曰然不可以他求者也孔子曰君薨聽於冢宰歠粥面深墨即位而哭百官有司莫敢不哀先之也上有好者下必有甚焉者矣君子之德風也小人之德草也草尚之風必偃是在世子好爲皆去聲復扶又反歠川悅反

不我足謂不以我滿足其意也然者然其不我足之言

不可他求者言當責之於己冢宰六卿之長上聲也歠飲也深墨甚黑色也即就也尚加也論語作上古字通也偃伏也必偃以上皆孔子語孟子言但在世子自盡其哀而已慶源輔氏曰當責之於己是應前面固所自盡之說在世子自盡其哀是應上句不可他求之意○雙峯饒氏曰君薨君字總天子諸侯而言聽於冢宰是國家政事皆聽命於冢宰非聽政聽訟之謂

然友反命世子曰然是誠在我五月居廬未有命戒百官族人可謂曰知及至葬四方來觀之顏色之戚哭泣之哀弔者大悅

諸侯五月而葬未葬居倚廬於中門之外居喪不言故未有命令教戒也左傳隱公元年天子七月而葬同軌畢至言同軌以別四夷之國諸侯五

月。同盟至。同在方嶽之盟大夫三月。同位至。士踰月。外姻至此言赴弔各以遠近爲差。因爲葬節○禮記喪大記父母之喪居倚廬不塗。寢苫枕凷非喪事不言可謂曰知。疑有闕誤。或曰皆謂世子之知禮也。慶源輔氏曰可當作皆。如作可不成文理○林氏曰孟子之時喪禮既壞。然三年之喪惻隱之心痛疾之意出於人心之所固有者。初未嘗亡也。惟其溺於流俗之弊。是以喪去聲其良心而不自知耳。文公見孟子而聞性善堯舜之說。則固有以啓發其良心矣。是以至此而哀痛之誠心發焉。及其父兄百官皆不欲行。則亦反躬自責悼其前行去聲之不足以取信。而不敢有非其父兄百官之心。雖其資質有過人者。而學問之力亦不可誣也。及其

斷（丁亂反）然行之而遠近見聞無不悅服則以人心之所同然者自我發之而彼之心悅誠服亦有所不期然而然者人性之善豈不信哉

西山眞氏曰三年之喪自唐虞三代未有改者春秋之世此禮廢墜於是宰予欲短喪而孔子責其不仁子思亦謂自朞以下貴賤有殊父母之喪則一而已方滕文用孟子言欲行此禮父兄百官譁然爭之及違衆而行又以爲知禮何耶蓋以爲不可行者蹈常襲故之陋見而以爲知禮者秉彝好德之良心也世降教失雖以東魯文獻之邦猶不能行何怪於滕之父兄乎然文公一以身先之則憣然而悟天理之在人心者固不可泯也

雲峯胡氏曰前章論性善此章自是論三年之喪集註引林氏說首尾必舉性善而言者蓋喪制人子之心所自盡者最可見人性之本善處文公自悔其前日未嘗學問而一旦力行其所聞於孟子者是孟子一開發之際而文公之性善見矣及其行之而遠近見聞莫不悅服是文公一感發之頃而遠近之人性善皆見矣於是益可信人性之無有不善而堯舜之眞可爲也

○滕文公問爲國

文公以禮聘孟子，故孟子至滕，而文公問之。慶源輔氏曰：前云使然友問，後云使畢戰問，但此言滕文公問，則知是文公親問孟子也。蓋文公既即位，固不可越國往見孟子，則必是以禮聘孟子至滕，而文公問之也。

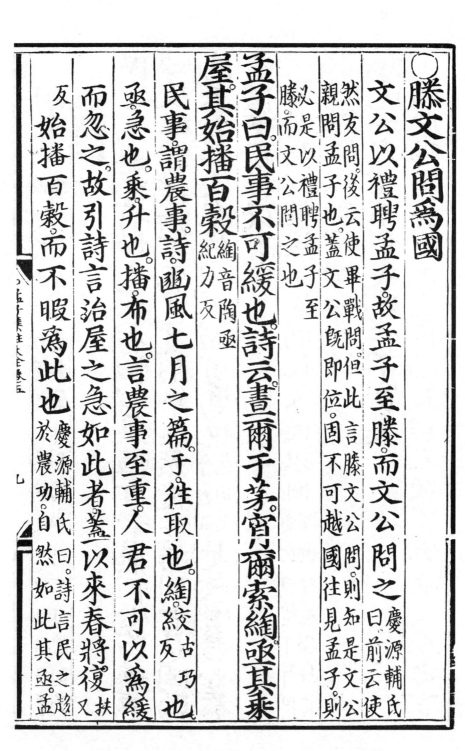

孟子曰：「民事不可緩也。詩云：『晝爾于茅，宵爾索綯；亟其乘屋，其始播百穀。』綯音陶。亟，紀力反。

民事，謂農事。詩豳風七月之篇。于，往取也。綯，絞古巧反也。亟，急也。乘，升也。播，布也。言農事至重，人君不可以爲緩而忽之，故引詩言治屋之急如此者，蓋以來春將復扶又反始播百穀，而不暇爲此也。慶源輔氏曰：詩言民之趍於農功，自然如此其亟。孟

子引之以證民事不可緩之說。然熟玩之。便見得民事眞不可緩之意。人君者若能眞知民事之不可緩。則於爲國也思過半矣

民之爲道也。有恒產者有恒心。無恒產者無恒心。苟無恒心。放辟邪侈。無不爲已。及陷乎罪。然後從而刑之。是罔民也。焉有仁人在位。罔民而可爲也。音義並見前篇是故賢君必恭儉禮下。取於民有制

恭則能以禮接下。儉則能取民以制趙氏曰。禮下。所以開世祿及學校之事也。取民以制。所以開制民常產及貢助徹之法也

陽虎曰。爲富不仁矣。爲仁不富矣

陽虎。陽貨。魯季氏家臣也。天理人欲。不容並立。虎之言

此恐爲仁之害於富也。孟子引之，恐爲富之害於仁也。君子小人，每相反而已矣。慶源輔氏曰：先儒多以爲孟子不以人廢言。集註則以爲言雖同而所取各異。其說尤的當。

夏后氏五十而貢，殷人七十而助，周人百畝而徹，其實皆什一也。徹者，徹也。助者，藉也。徹，敕列反。藉，子夜反。

此以下乃言制民常產與其取之之制也。夏時一夫受田五十畝，而每夫計其五畝之入以爲貢。商人始爲井田之制，以六百三十畝之地，畫爲九區，區七十畝。中爲公田，其外八家各授一區，但借其力以助耕公田，而不復扶又反稅其私田。所謂助而不稅。周時一夫受田百畝，鄉遂用貢法。十夫有溝。周禮夏官司徒遂人。凡治野。夫間有遂。遂上有徑。十夫有溝。溝上有畛。百夫有洫。洫上有涂。千夫有澮。澮上有道。萬夫有川。川上有路以達于畿都鄙用助法。八家同井。周禮冬官考工記。匠人爲溝洫。九夫爲井。井間廣四尺深四尺謂之溝。方十里爲成。成間廣八尺深八尺謂之洫。方百里爲同。同間廣二尋深二仞謂之澮。此畿內采地之制。九夫爲井。井方一里。九夫所治之田也耕則通力而作。收則計畝而分。故謂之徹。朱子曰。此亦不可詳知。但因洛陽議論中通徹而耕之說推之耳。或但耕則通力而耕。收則各得其畝。亦未可知也其實皆什一者。貢法皆以十分扶問反下同之一爲常數。惟助法乃是九一。慶源輔氏曰。此以文王治岐耕者九一。及下文請野九一而助。知其然也而商制不可考。周制則公田百畝。中以二十畝爲廬舍。新安陳氏曰。二十畝分爲八家。家各二畝半以爲治田時所居。所謂二畝半在田。是也一夫所耕公田實計十畝。通私田百畝，爲十一分而取其一。蓋又輕於十一矣。

前漢食貨志：理民之道，地著爲本。地著謂安土。故必建步立晦，正其經界。六尺爲步，步百爲晦，晦百爲夫，夫三爲屋，屋三爲井，井方一里，是爲九夫。八家共之，各受私田百畝，公田十晦，是爲八百八十晦，餘二十晦以爲廬舍。出入相友，守望相助，疾病相救，民是以和睦，而教化齊同，力役生產可得而平也。民受田，上田夫百晦，中田夫二百晦，下田夫三百晦。歲耕種者爲不易上田，休一歲者爲一易中田，休二歲者爲再易下田，三歲更耕之，自爰其處。更，互也。爰，於也。農民戶人已受田，其家衆男爲餘夫，亦以口受田如比。比，例也。士工商家受田，五口乃當農夫一人。此謂平土可以爲法者也。若山林藪澤原陵淳鹵之地，淳，盡也。舄鹵之田，不生五穀。各以肥磽多少爲差。民年二十受田，六十歸田。在野曰廬，在邑曰里。竊料商制亦當似此，而以十四畝爲廬舍。一夫實耕公田七畝，是亦不過十一也。

徹，通也。均也。藉，借也。朱子曰：嘗疑孟子所謂夏后氏五十而貢，殷人七十而助，周人百畝而徹恐不解如此。先王疆理天下之初，做許多畎澮溝洫之類，大段是費人力了。若是自五十而增爲七十，自七十而增爲百畝，則田間許多疆理都合更改，恐無是理。孟子當時未必親見，只是傳聞如此，恐亦難盡信也。○問所言井地之法，以周禮諸說考之，亦未有悉合者，何也。曰，吾於前章固已論之矣。大抵孟子之言，雖曰推本三代之遺制，然常舉其大，而不必盡於其細也。師其意，而不泥於文也。蓋其疏通簡易，自成一家，乃經綸之活法。而豈拘儒曲士牽制文義者之所能知哉。曰，三代受田多少之不同何也。曰，張子嘗言之矣。陳氏徐氏亦有說焉。然皆若有可疑者。蓋田制既定，則其溝涂畛域亦有一定而不可易者。今乃易代更制，每有增加，則其勞民動衆，廢壞已成之業，使民不得服先疇之田畝，其煩擾亦已甚矣。不知孟子之言其所以若此者果何耶。陳氏云，夏時洪水方平，可耕之地少，至商而寖廣，周而大備也。徐氏云，古者民約，故田少而用足，後世彌文而用廣，故授田之際，隨時而加焉。○南軒張氏曰，楊氏云，徹者徹也，兼貢助而通力也。故孟子曰，請野九一而助，國中什一使自賦，八家皆私百畝，其中爲公田，所謂九一而助也。國中什一使自賦，則用貢法矣。此周人所以

爲徹也。鄭氏謂周制畿内用貢法。邦國用助法。有得於此歟

龍子曰。治地莫善於助。莫不善於貢。貢者校數歲之中以爲常。樂歲粒米狼戾。多取之而不爲虐。則寡取之。凶年糞其田而不足。則必取盈焉。爲民父母。使民盻盻然。將終歲勤動。不得以養其父母。又稱貸而益之。使老稚轉乎溝壑。惡在其爲民父母也。樂音洛盻五禮反從目從兮或音普莧反者非養去聲惡平聲

龍子。古賢人。狼戾。猶狼藉。言多也。糞。壅於用反也。盈。滿也。盻。禮韻胡計吾計二反目謂陸音五禮反誤恨視也。勤動。勞苦也。稱。舉也。貸。他代反借也。取物於人而出息以償之也。益之。以足取盈之數也。稚。幼子也。問貢法大禹之遺制。而其不善若此。何也。朱子曰。蘇氏林氏皆言之矣。蘇

氏曰。作法必始於粗。終於精。古之不爲此。非不智也。勢未及也。方其未有貢也。以貢爲善矣。及其既貢而後知其有不善也。林氏曰。禹貢之法。九州之賦有錯出於他等者。不以爲歲之常數。又因遊豫。則視其豐凶而補助之。周制鄉遂用貢法。亦有司稼之官巡野觀稼。視年之上下以出斂法。則其弊未至如龍子之言。乃當時諸侯用貢法之弊耳。○雙峯饒氏曰。稱貸而益之。如常年五石納官。凶年折了只納四石。而公家必取盈五石之數。則又貸他人一石來湊納以足其數。此所以見貢法之害

夫世禄滕固行之矣夫音扶

孟子嘗言文王治岐。耕者九一。仕者世禄。二者王政之本也。今世禄滕已行之。惟助法未行。故取於民者無制耳。蓋世禄者。授之土田。使之食其公田之入。實與助法相爲表裏。所以使君子小人各有定業。而上下相安者

也。故下文遂言助法

詩云。雨我公田。遂及我私。惟助爲有公田。由此觀之。雖周亦助也。雨于付反

詩小雅大田之篇。雨。降雨如字也。言願天雨於公田。而遂及私田。先公而後私也。當時助法盡廢。典籍不存。惟有此詩可見周亦用助。故引之也。朱子曰。考之周禮行助法處有公田。行貢法處無公田。孟子也不曾見周禮。只據詩裏說。用詩意帶將去。後面說鄉田同井。出入相友。守望相助。疾病相扶持。井九百畝。其中爲公田。八家皆私百畝。同養公田。說井田只說得這幾句。是多少好。這也是大原大本處。卻不理會細碎

設爲庠序學校以教之。庠者養也。校者教也。序者射也。夏

曰校殷曰序周曰庠學則三代共之皆所以明人倫也人倫明於上小民親於下

庠以養老爲義校以教民爲義序以習射爲義皆鄉學也學國學也共之無異名也倫序也父子有親君臣有義夫婦有別長幼有序朋友有信此人之大倫也庠序學校皆以明此而已

問鄉學如何朱子曰皆是農隙而學曰孰與教之曰鄉大夫有德行而致其仕者教之○慶源輔氏曰鄉學有異名國學無異名然其明人倫以教之之事則同也○雙峯饒氏曰孟子叙時君行仁政只是教與養兩事井田以養之學校以教之告齊王滕公皆如此小民親於下者蓋百姓不親五品不遜所以教以人倫使之君與臣自相親父與子自相親長與幼自相親非尊君親上之親○問夫婦有別如何相親曰夫婦無別則相瀆瀆便相離了

有王者起必來取法是爲王者師也

滕國褊（俾淺反）小雖行仁政未必能興王業然爲王者師則雖不有天下而其澤亦足以及天下矣聖賢至公無我之心於此可見（朱子曰孟子語滕文只說有王者起必來取法不曾說便可以王是亦要大國方做得）

詩云周雖舊邦其命維新文王之謂也子力行之亦以新子之國

詩大雅文王之篇言周雖后稷以來舊爲諸侯其受天命而有天下則自文王始也子指文公諸侯未踰年之稱也（左傳僖公九年春宋桓公卒未葬而襄公會諸侯故曰子凡在喪王曰小童公侯曰子子者繼父之）

辭。春秋例。凡公侯卒未越一年而有王事。皆稱子也○雙峯饒氏曰。新其國。小大雖不同。可以爲善。便是新其國○東陽許氏曰。文公問爲國。孟子告以教養其民。有養。然後可教。故先言分田制禄。而後及學校也。自民事不可緩至雖周亦助也。養之事。設爲庠序至小民親於下。教之事。下至新子之國。總言之。答文公者止此。下答畢戰。却只是言分田。蓋畢戰惟掌井田之事也

使畢戰問井地。孟子曰。子之君將行仁政。選擇而使子。子必勉之。夫仁政必自經界始。經界不正。井地不均。穀禄不平。是故暴君汙吏必慢其經界。經界既正。分田制禄可坐而定也。夫音扶

畢戰。滕臣。文公因孟子之言。而使畢戰主爲井地之事。故又使之來問其詳也。井地。即井田也。經界。謂治地分

田。經畫其溝塗封植之界也。雙峯饒氏曰。溝塗封植之界。經緯錯綜。直者爲經。橫者爲緯。只舉經字。有緯在其中。溝。溝洫之類。塗。道塗。封。土堆。植。種木爲界此法不修則田無定分去聲而豪強得以兼幷去聲故井地有不均。賦無定法而貪暴得以多取。故穀祿有不平。此欲行仁政者之所以必從此始。而暴君汙吏則必欲慢而廢之也。有以正之。則分田制祿可不勞而定矣。慶源輔氏曰。度孟子來滕不久便去。故使畢戰往問。○若有仁君欲行仁政。使彼此均平。田無多少之差。則必從經界之事做起。而暴君汙吏貪得務多。只知有我不知有民。只知爲己不知爲人者。則必欲慢而廢之也。凡事須是敬則能立。纔有慢心。事日趨於弊壞也

夫滕壤地褊小。將爲君子焉。將爲野人焉。無君子莫治野人。無野人莫養君子。夫音扶養去聲

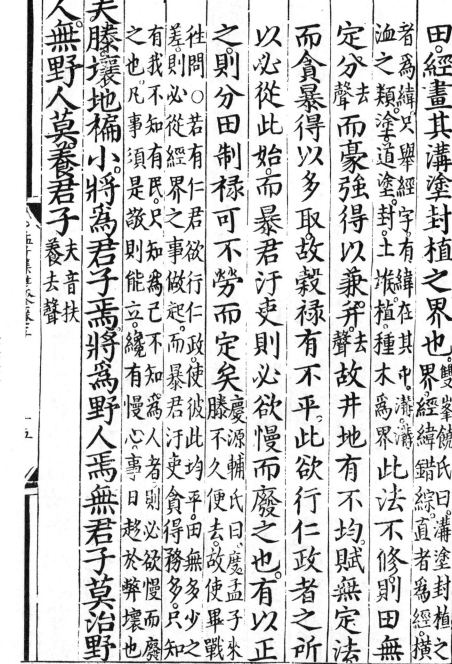

言滕地雖小然其閒亦必有爲君子而仕者亦必有爲野人而耕者是以分田制祿之法不可偏廢也雙峯饒氏曰分田制祿雖平說然却相因穀祿即井地中公田擬其穀以爲祿分田始可制祿○新安陳氏曰分田以給野人制祿以待君子

請野九一而助國中什一使自賦

此分田制祿之常法所以治野人使養君子也野郊外都鄙之地也九一而助爲公田而行助法也國中郊門之內鄉遂之地也周禮司徒鄉老遂人百里內爲六鄉外爲六遂萬二千五百家爲鄉六鄉七萬五千家遂亦如之遂人主六遂六遂之地自遠郊以達于畿中有公邑家邑小都大都焉遂謂王國百里外也田不井授但爲溝洫使什而自賦其一蓋用貢法也

周所謂徹法者蓋如此。以此推之，當時非惟助法不行，其貢亦不止什一矣。朱子曰：國中行鄉遂之法，如五家爲比，五比爲閭，四閭爲族，五族爲黨，五黨爲州。又如五人爲伍，五伍爲兩，四兩爲卒，五卒爲旅，五旅爲師，五師爲軍，皆五五相連屬，所以行不得那九一之法，故只得什一，使自賦。如都鄙却行井牧之法。鄉遂之法次第是一家出一人兵，且如五家爲比，比有一箇長了。井牧之法次第是三十家方出得士十人，徒十人。○此等亦難卒曉，須以周禮爲本，而參取孟子、班固、何休諸說訂之，庶幾可見髣髴。然恐終不能有定論，但不可不盡其異同耳。○慶源輔氏曰：都鄙用助法，則一收公田所入以爲君子之祿；鄉遂用貢法，則使什自賦一以充國家所用，此周所謂徹法也。前云徹，通也，均也，所以釋徹字之義，此則正言其法如此。○集註以其請野九一而助，則知助法之不行；又云國中什一使自賦，則當時之貢法亦有強取其賦於什一之外者矣。

卿以下必有圭田，圭田五十畝。

此世祿常制之外又有圭田。所以厚君子也。圭潔也。所以奉祭祀也。不言世祿者滕已行之但此未備耳

餘夫二十五畝

程子曰。一夫上父母下妻子以五口八口爲率受田百畝。如有弟是餘夫也。年十六。别受田二十五畝。俟其壯而有室然後更受百畝之田。愚按此百畝常制之外又有餘夫之田。以厚野人也。問卿大夫之圭田必有耕之者。豈亦有耕屬可耕乎。朱子曰。恐圭田只是給公田之在民者。大抵古者田祿皆是助法之公田充而八家因爲之屬。如有田一成。有衆一旅。是也。圭田恐亦如此。故王制云。夫圭田無征○雙峯饒氏曰。圭田。餘夫亦是百畝中撥與他半分則五十畝。四分則二十五畝。問各受田百畝。六十歲傳與其子。子養其父。但只是長子受父之田。次子便是餘夫別請二

十五畝。若無子。則百畝納之官。曰。然。問人物繁庶。公家安得有許多田分授。曰。天地間只著得許多物事。少間人物過多。便自有乘除。亦理勢使之然也

死徙無出鄉。鄉田同井。出入相友。守望相助。疾病相扶持。則百姓親睦。

死謂葬也。徙謂徙其居也。同井者。八家也。友。猶伴也。守望防寇盜也。

方里而井。井九百畝。其中爲公田。八家皆私百畝。同養公田。公事畢。然後敢治私事。所以別野人也。養去聲。別彼列反

此詳言井田形體之制。乃周之助法也。公田以爲君子之祿。而私田野人之所受。先公後私。所以別君子野人

之分（去聲）也不言君子據野人而言省文耳上言野及國中二法此獨詳於治野者國中貢法當世已行但取之過於什一爾（慶源輔氏曰上既言助法之善故此下遂言周之助法也方里而井井九百畝其中爲公田便是井田形體之制也）

此其大略也若夫潤澤之則在君與子矣（夫音扶）

井地之法諸侯皆去（上聲）其籍此特其大略而已潤澤謂因時制宜使合於人情宜於土俗而不失乎先王之意也（或問潤澤之說雙峯饒氏曰前面說底是箇硬局子到這裏須是要會變通使合人情宜土俗可也潤澤非文飾之謂乃是和軟底意思不全是硬局子溫潤滑澤方可行得此朱子善於形容孟子用心處）○呂氏曰子張子（横渠）慨然有意三代之治（去聲下言治同）論治人先

務未始不以經界爲急講求法制粲然備具要(平聲)之可以行於今如有用我者舉而措之耳嘗曰仁政必自經界始貧富不均教養無法雖欲言治皆苟而已世之病難行者未始不以亟奪富人之田爲辭然兹法之行悅之者衆苟處(上聲)之有術期以數年不刑一人而可復所病者特上之未行耳乃言曰縱不能行之天下猶可驗之一鄉方與學者議古之法買田一方畫爲數井上不失公家之賦役退以其私正經界分宅里立斂(去聲)法廣儲蓄興學校成禮俗救菑(與災通)恤患厚本抑末足以推先王之遺法明當今之可行有志未就而卒○愚按喪

禮經界兩章見孟子之學識其大者是以雖當禮法廢壞之後制度節文不可復扶又反考新安陳氏曰喪禮有節文經界之法有制度二者皆廢壞故不可詳考而能因略以致詳推舊而爲新不屑屑於既往之迹而能合乎先王之意真可謂命世亞聖之才矣南軒張氏曰井田王政之本而經界又井田之本也大要在分田制祿二事而已田得其分則小民安其業祿得其制則君子賴其養上下相須而各宜焉治之所由興也人皆知商鞅廢井田開阡陌考孟子之言則井田之廢久矣蓋孟子時井田之法雖廢而井田之名猶在暴君雖去其籍猶不敢易其名也至鞅始蕩然一泯其迹而掃除其阡陌併與其名亡之矣○雙峯饒氏曰井田之法黄帝開端便做成了如何改得商人七十畝周人如何便更百畝至於溝洫塗畛亦非一朝一夕所能成朱子亦嘗疑之王制與周禮已不同孟子多是臆度言之井田可行於中原平曠之地若是地勢高低如何可井恐江南是用貢法阡陌是田間路古人

車制一車闊六尺有餘。兩傍又翼之以人。占田太多。商君欲富國。所以鑿開阡陌爲田。前此諸侯欲富其國。井田大綱已自廢了。商君則索性壞却

○有爲神農之言者許行。自楚之滕。踵門而告文公曰。遠方之人。聞君行仁政。願受一廛而爲氓。文公與之處。其徒數十人。皆衣褐。捆屨織席以爲食。衣去聲 捆音閫

神農。炎帝神農氏。始爲耒耜教民稼穡者也。爲其言者史遷所謂農家者流也。前漢藝文志。農家者流。蓋出於農稷之官。播百穀。勸耕桑以足衣食許姓。行名也。踵門。足至門也。仁政。上章所言井地之法也。廛。民所居也。氓。野人之稱。褐。毛布。賤者之服也。捆扣椓竹角反之欲其堅也。以爲食。賣以供食也。程子曰。許

行所謂神農之言。乃後世稱述上古之事失其義理者耳。猶陰陽醫方稱黃帝之說也問許行爲神農之言。而有君臣並耕。市下二價之說何耶。朱子曰。程子之言盡矣。然以易考之。二者皆神農之所爲也。當時民淳事簡。容或有如許行之說者。及乎世變風移。至於唐虞之際。則雖神農復生。亦當隨時以立政。而不容固守其舊矣。况許行之妄。乃欲以是而行於戰國之時乎。○慶源輔氏曰。陰陽醫方所稱黃帝之說。如素問靈樞之類是也。使眞有神農黃帝之說傳於世。孔孟豈得而不稱述之哉。○新安陳氏曰。後世小道。必推古聖賢爲宗。以求取信於世故也

陳良之徒陳相與其弟辛負耒耜而自宋之滕。曰。聞君行聖人之政。是亦聖人也。願爲聖人氓陳良楚之儒者。耜。所以起土。耒其柄也

陳相見許行而大悅。盡棄其學而學焉。陳相見孟子。道許

行之言曰滕君則誠賢君也雖然未聞道也賢者與民並耕而食饔飧而治今也滕有倉廩府庫則是厲民而以自養也惡得賢饔音雍飧音孫惡平聲

饔飧熟食也朝曰饔夕曰飧言當自炊爨七亂反以爲食而兼治民事也厲病也許行此言蓋欲陰壞音怪孟子分別必列反君子小人之法

孟子曰許子必種粟而後食乎曰然許子必織布而後衣乎曰否許子衣褐許子冠乎曰冠曰奚冠曰冠素曰自織之與曰否以粟易之曰許子奚爲不自織曰害於耕曰許子以釜甑爨以鐵耕乎曰然自爲之與曰否以粟易之衣去

聲與平聲釜所以煑甑所以炊爨然火也鐵耜屬也此語八反皆

孟子問而陳相對也

以粟易械器者不爲厲陶冶陶冶亦以其械器易粟者豈爲厲農夫哉且許子何不爲陶冶舍皆取諸其宮中而用之何爲紛紛然與百工交易何許子之不憚煩曰百工之事固不可耕且爲也舍去聲

此孟子言而陳相對也械下戒反器釜甑之屬也陶爲甑者冶爲釜鐵者新安陳氏曰厲陶冶厲農夫之說乃是因行厲民自養之言承其厲字而明辯以闢之○雲峯胡氏曰樊遲欲學稼孔子斥之曰吾不如老農直謂其所學者小人之事而舉大人之事以荅

之。孟子闢許行，即此意也。但遲之志陋，不過欲自學舍之。許之學辟欲以治國家。此孟子所以深闢之也。

止也。或讀屬音燭上句。舍謂作陶冶之處也。

然則治天下獨可耕且爲與？有大人之事，有小人之事。且一人之身而百工之所爲備，如必自爲而後用之，是率天下而路也。故曰：或勞心，或勞力。勞心者治人，勞力者治於人；治於人者食人，治人者食於人：天下之通義也。與，平聲。食音嗣。

此以下皆孟子言也。新安陳氏曰：百工之事不可耕且爲，此亦陳相對得理明處，故孟子即此二句以難之。百工之事尚不可耕且爲，而治天下國家，乃可耕且爲與？路，謂奔走道路，無時休息也。治於人者，見治於人也。食人者，出賦稅以給公上也。食於人者，見食於人也。此四句皆古語，而孟子引之也。首有故曰字。知其爲古語君子無小人則飢。小人無君子則亂。以此相易。正猶農夫陶冶以粟與械器相易。乃所以相濟而非所以相病也。治天下者。豈必耕且爲哉。南軒張氏曰。滕文亦可謂賢君矣。而不克終用孟子之說。寂然無聞於後。意者許行之言有以奪之也。聽治於人者出力以食其上。而治人者享其食焉。此理天實爲之。萬世所共由者。故曰天下之通義也。如許行之說。則昧天理之當然。務小惠以妨大德。昵私情以妨正體。卒歸於不可行耳

當堯之時。天下猶未平。洪水橫流。氾濫於天下。草木暢茂。禽獸繁殖。五穀不登。禽獸偪人。獸蹄鳥跡之道交於中國。堯獨憂之。舉舜而敷治焉。舜使益掌火。益烈山澤而焚之。禽獸逃匿。禹疏九河。瀹濟漯而注諸海。決汝漢。排淮泗而

注之江然後中國可得而食也當是時也禹八年於外三過其門而不入雖欲耕得乎瀹音藥濟子禮反漯他合反

天下猶未平者洪荒之世生民之害多矣聖人迭興漸次除治至此尚未盡平也洪大也横流不由其道而散溢妄行也氾濫横流之貌暢茂長上聲盛也繁殖衆多也五穀稻黍稷麥菽也登成熟也道路也獸蹄鳥跡交於中國言禽獸多也敷布也益舜臣名烈熾也禽獸逃匿然後禹得施治水之功疏通也分也九河曰徒駭曰太史曰馬頰曰覆釜曰胡蘇曰簡曰潔曰鉤盤曰鬲音隔津

新安倪氏曰蔡氏書傳云按爾雅九河一曰徒駭二曰太史三曰馬頰四曰覆釜五曰胡蘇六曰簡潔七曰鉤

盤八曰鬲津其一則河之經流也先儒不知河之經流遂分簡潔爲二此與集註小異書傳經朱子晚年訂正當以爲定也

瀹亦疏通之意濟漯二水名決排皆去上聲其壅塞也汝漢淮泗亦皆水名也據禹貢及今水路惟漢水入江耳汝泗則入淮而淮自入海此謂四水皆入于江記者之誤也朱子曰決汝漢排淮泗而注之江此但取其字數足以對偶而云爾只是行文之失無害於義理不必曲爲之說也○新安陳氏曰堯獨憂之所憂者大舉舜禹益而用之所憂在此何暇於並耕雖欲耕得乎是提掇耕事以照應前獨可耕且爲與一句

后稷教民稼穡樹藝五穀五穀熟而民人育人之有道也飽食煖衣逸居而無教則近於禽獸聖人有憂之使契爲司徒教以人倫父子有親君臣有義夫婦有別長幼有序

朋友有信。放勳曰。勞之來之。匡之直之。輔之翼之。使自得之。又從而振德之。聖人之憂民如此。而暇耕乎。契音薛。別，彼列反。長、放皆上聲。勞、來去聲。

言水土平。然後得以教稼穡。衣食足。然後得以施教化。后稷。官名。棄爲之。然言教民。則亦非並耕矣。樹。亦種也。藝。殖也。契。亦舜臣名也。司徒。官名也。人之有道。言其皆有秉彝之性也。然無教。則亦放逸怠惰而失之。故聖人設官而教以人倫。亦因其固有者而道之耳。道，去聲。書曰。天敘有典。勑我五典。五惇哉。此之謂也。慶源輔氏曰。集註舉書以爲證者。天敘即所謂固有也。勑而厚之。即所謂道之也。○新安陳氏曰。典者人道之常。天所次序本有此典也。勑。正也。我謂君也。五典，即父子至朋友五者是也。惇，厚也。勑，正。自我。即天敘之本然者，而品節之。然後有典，別而爲五典。而五者皆惇厚也。惇典，如言厚人倫。放勳，本史臣贊堯之辭，孟子因以爲堯號也。德，猶惠也。堯言勞如字者勞之，來如字者來之，邪者正之，枉者直之，輔以立之，翼以行之，使自得其性矣，又從而提撕警覺解振字以加惠焉，不使其放逸怠惰而或失之。蓋命契之辭也。問：振德是施惠否？朱子曰：是。然不是財惠之惠，只是施之以教化。上文匡直輔翼等事是也。彼既自得之，又從而教之。○慶源輔氏曰：勞者勞之，來者來之，所以安其生也。邪者正之，枉者直之，所以正其德也。輔以立之，翼以行之，所以助其行也。自得，謂自得其性也。振，謂提撕警省也。此乃大學新民之功也。○新安陳氏曰：聖人有憂之，又言堯所憂者大。使契爲司徒，以教民，所憂在此，何暇於並耕。聖人之憂民如此，而暇耕乎？是再提撥耕事以照應「獨可耕且爲與」一句。

堯以不得舜爲己憂，舜以不得禹臯陶爲己憂。夫以百畝之不易爲己憂者，農夫也。夫音扶。易去聲。

易，治也。堯舜之憂民，非事事而憂之也，急先務而已。所以憂民者其大如此，則不惟不暇耕，而亦不必耕矣。慶源輔氏曰：舉農者之所憂以並堯舜之憂，見其小大廣狹之不倫，則不暇耕與不必耕可知矣。○新安陳氏曰：按上文三憂字，而又發明出三憂字。在三句中，聖人之憂在不得聖賢而用之，得而用之，則足以釋己之憂矣。此集註所謂急先務也。聖人所以憂民者其大如此，若農夫之憂，憂之小者耳。許行又欲聖人憂百畝之憂，可乎？

分人以財謂之惠，教人以善謂之忠，爲天下得人者謂之仁。是故以天下與人易，爲天下得人難。爲易並去聲。

分人以財，小惠而已。教人以善，雖有愛民之實，然其所及亦有限人者對己而言而難久。敎之者僅己耳惟若堯之得舜舜之得禹皐陶。乃所謂爲天下得人者。而其恩惠廣大。應惠字句教化無窮矣。應忠字句此所以爲仁也。仁字可包惠字忠字○夔源輔氏曰。以己之善而教人使人皆爲善。則是有愛民之實矣。然其所及亦止於吾力之所能。與吾身之所及而已。故有限而難久也○堯之得舜。舜之得禹皐陶。則能廣吾力之所能。而俾其恩惠極於廣大。繼吾身之所存而俾教化推於無窮矣。然後可以謂之仁

孔子曰。大哉堯之爲君。惟天惟大。惟堯則之。蕩蕩乎民無能名焉。君哉舜也。巍巍乎有天下而不與焉。堯舜之治天下。豈無所用其心哉。亦不用於耕耳。與去聲

則法也。蕩蕩廣大之貌。君哉言盡君道也。巍巍高大之

貌不與猶言不相關言其不以位爲樂音洛也新安陳氏曰亦不用於耕耳至此三提掇耕事以照應收結獨可耕且爲與一句不特辯闢明白痛快文法亦照顧得好以上已辯倒許行之說下文乃責陳相也

吾聞用夏變夷者未聞變於夷者也陳良楚産也悅周公仲尼之道北學於中國北方之學者未能或之先也彼所謂豪傑之士也子之兄弟事之數十年師死而遂倍之

此以下責陳相倍音佩師而學許行也夏諸夏禮義之教也變夷變化蠻夷之人也變於夷反見變化於蠻夷之人也産生也陳良生於楚在中國之南故北遊而學於中國也先過也豪傑才德出衆之稱言其能自拔於流

俗也。倍與背同。言陳良用夏變夷，陳相變於夷也。慶源輔氏曰：陳良楚人，而北學於中國，則是用夏變夷。陳相素學於陳良，乃爲許行所變，則是變於夷也。

昔者孔子沒，三年之外，門人治任將歸，入揖於子貢，相嚮而哭，皆失聲，然後歸。子貢反，築室於場，獨居三年，然後歸。他日，子夏、子張、子游以有若似聖人，欲以所事孔子事之，彊曾子。曾子曰：不可。江漢以濯之，秋陽以暴之，皜皜乎不可尚已。任，平聲。彊，上聲。暴，蒲木反。皜，音杲。

三年，古者爲去聲師心喪三年，若喪父而無服也。記檀弓：事師無犯無隱，左右就養無方，服勤至死，心喪三年。又云：孔子之喪，門人疑所服。子貢曰：昔者夫子之喪顏淵，若喪子而無服，喪子路亦然。請喪夫子若喪父而無服。任，擔都濫反也。場，冢上之壇場也。

有若似聖人。蓋其言行去聲氣象有似之者。如檀弓所記子游謂有子之言似夫子之類是也。記檀弓上。有子問於曾子曰。問喪於夫子乎。問。鄭讀爲聞。喪。去聲。謂仕失位去國也。曰。聞之矣。喪欲速貧。死欲速朽。有子曰。是非君子之言也。曾子曰。參也與子游聞之。有子曰。然。然則夫子有爲去聲言之也。曾子以斯言告於子游。子游曰。甚哉有子之言似夫子也。昔者夫子居於宋。見桓司馬自爲石椁。三年而不成。桓司馬。宋向戌之孫名魋。夫子曰。若是其靡也。死不如速朽之愈也。死之欲速朽。爲桓司馬言之也。南宮敬叔反。敬叔。孟僖子之子。仲孫閱。蓋嘗失位去魯而得反。必載寶而朝。夫子曰。若是其貨也。喪不如速貧之愈也。喪之欲速貧。爲敬叔言之也。曾子以子游之言告於有子。有子曰。然。吾固曰非夫子之言也。曾子曰。子何以知之。有子曰。夫子制於中都。中都。魯邑名。孔子嘗爲之宰。爲民作制。四寸之棺。五寸之椁。以斯知不欲速朽也。昔者夫子失魯司寇。將之荊。將。應聘於楚。蓋先之以子夏。又申之以冉有。以斯知不欲速貧也。所事孔子。所以事夫子之禮也。江漢水多言濯之潔也秋日燥烈言暴之乾音干也皜皜潔白貌尚加也言夫子道德明著光輝潔白非有若所能彷妃兩反佛音弗也或曰此三語者孟子贊美曾子之辭也

今也南蠻鴃舌之人非先王之道子倍子之師而學之亦異於曾子矣鴃亦作鶪古役反

鴃博勞也惡聲之鳥南蠻之聲似之指許行也

吾聞出於幽谷遷于喬木者未聞下喬木而入於幽谷者

小雅伐木之詩云伐木丁丁中耕反鳥鳴嚶嚶出自幽谷遷于喬木新安陳氏曰譬陳相由高趨下不如禽能舍下遷喬也

魯頌曰戎狄是膺荊舒是懲周公方且膺之子是之學亦

爲不善變矣

魯頌閟宫之篇也。膺擊也。荆楚本號也。舒國名。近楚者也。懲艾音乂也。今按此詩爲僖公之頌，而孟子以周公言之。亦斷章取義也。斷都管反。截之使斷也。若自然判絶則徒管反。○新安陳氏曰。不善變。謂變於夷也。

從許子之道，則市賈不貳，國中無僞。雖使五尺之童適市，莫之或欺。布帛長短同，則賈相若；麻縷絲絮輕重同，則賈相若；五穀多寡同，則賈相若；屨大小同，則賈相若。賈音價，下同。

陳相又言許子之道如此。蓋神農始爲市井，故許行又託於神農而有是說也。五尺之童，言幼小無知也。許行欲使市中所粥（余六反）之物，皆不論精粗美惡，但以長短輕重多寡大小爲價也。慶源輔氏曰：若不以精粗美惡言之，則無由說得通。此義未有人看得出，至集註而義始明。○雙峯饒氏曰：長短以丈尺言，輕重以權衡言，多寡以斗斛言，皆是比而同之。與共耕相似，便是齊物剖斗折衡而民不爭之說。凡託神農黃帝者，皆老氏之說也。

曰：夫物之不齊，物之情也。或相倍蓰，或相什伯，或相千萬。子比而同之，是亂天下也。巨屨小屨同賈，人豈爲之哉？從許子之道，相率而爲僞者也，惡能治國家？夫音扶。蓰音師，又山綺反。比必二反。惡平聲。

倍，一倍也。蓰，五倍也。什伯千萬，皆倍數也。比，次也。孟子言物之不齊，乃其自然之理。新安陳氏曰：情，實也。自然之理，即所謂物之實理也。

其有精粗，猶其有大小也。若大屨小屨同價，則人豈肯爲其大者哉。今不論精粗，使之同價，是使天下之人皆不肯爲其精者，而競爲濫惡之物以相欺耳。慶源輔氏曰：物之不齊，乃物之情，而實天之理也。物各付物，止於其所，吾何容心於其間哉。若強欲齊之，私意橫生，徒爲膠擾，而物終不可齊也。故莊周之齊物，強欲以理齊之，猶爲賊夫道，況乎許子遂欲一天下之物，而泯其一定之分，其蔽豈不甚哉。孟子譏以物之不齊，物之情也，斯言足以發明天理之大，不但可以闢許行，而莊周之說併可坐見其偏矣。○東陽許氏曰：此章孟子曰以下三大節，自許子必種粟而後食乎至不用於耕耳，闢其假托神農之言。吾聞用夏變夷至不善變矣，責其倍師從許子之道。以下陳相之遁辭，故又闢其市賈不貳之說。

○墨者夷之，因徐辟而求見孟子。孟子曰：吾固願見，今吾尚病，病愈，我且往見，夷子不來。辟音壁，又音闢。

墨者。治墨翟之道者。夷姓。之名。徐辟。孟子弟子。孟子稱疾。疑亦託辭以觀其意之誠否。雲峯胡氏曰。許行與民並耕之說。是欲以其君下同於庶民。墨子兼愛之說。是欲以其親泛同於衆人。皆非聖人之道而自爲一端。此孟子所以深闢之也。

他日又求見孟子。孟子曰。吾今則可以見矣。不直則道不見。我且直之。吾聞夷子墨者。墨之治喪也。以薄爲其道也。夷子思以易天下。豈以爲非是而不貴也。然而夷子葬其親厚。則是以所賤事親也。不見之見音現。

又求見。則其意已誠矣。故因徐辟以質之如此。直。盡言以相正也。莊子曰。墨子生不歌。死無服。桐棺三寸而無椁。莊子天下篇。古人喪禮。貴賤有儀。上下有等。天子棺椁七重。諸侯五重。大夫三重。士再重。今墨子獨生不歌。死不服。桐棺三寸而無椁以爲法式是墨之治喪以薄爲道也。易天下謂移易天下之風俗也。夷子學於墨氏而不從其教其心必有所不安者。故孟子因以詰克乙反之問夷之請見而孟子終不見之何也。朱子曰。孟子雖以闢邪說爲己任。然不過講明其說傳之當世。使聞者有以發悟於心而自得之耳。固不輕接其人交口競辯以屈吾道之尊也。譬如蠻夷寇賊之害。聖人固欲去之。然豈肯被甲執兵而親與之角哉。○慶源輔氏曰。夷子雖師墨氏之教。至於葬親之時。天理自然發動。有不得如其師之說者。故不用其制。而凡事從厚也。此於人情固宜有之。故孟子因舉此一事以詰之。而下文又舉喪葬之說以發其意。此正夷子之天理一點明處也

徐子以告夷子。夷子曰。儒者之道。古之人若保赤子。此言何謂也。之則以爲愛無差等。施由親始。徐子以告孟子。孟

子曰夫夷子信以爲人之親其兄之子爲若親其鄰之赤子乎彼有取爾也赤子匍匐將入井非赤子之罪也且天之生物也使之一本而夷子二本故也夫音扶下同匍音蒲匐蒲北反

若保赤子周書康誥篇文此儒者之言也夷子引之蓋欲援音爰儒而入於墨慶源輔氏曰夷子蓋以儒者若保赤子是愛他人子如愛我之赤子有似於墨子愛無差等之說故謂其說引儒家入墨教中去以拒孟子之非己又曰愛無差楚宜反等施由親始則推吐灰反墨而附於儒新安陳氏曰之又曰墨氏兼愛之學愛其親與愛外人無差等之殊但施則自親始耳施由親始一句蓋竊取儒家立愛自親始之意是推墨氏而依附於儒家也以釋己所以厚葬其親之意皆所謂遁辭也新安陳氏曰理屈辭窮強爲此說以自逃遁也孟子言人之愛其

兄子與鄰之子本有差等。書之取譬本爲去聲小民無知而犯法。如赤子無知而入井耳。慶源輔氏曰。彼有取爾也一句。先儒說皆不明白。今斷以爲書之取譬方說得通。蓋非謂愛凡人之赤子與兄弟之子一般也。言兄弟之子而不言己子者。蓋兄弟之子。即與己之子無異也。且人物之生。必各本於父母而無二。乃自然之理。若天使之然也。故其愛由此立。而推以及人。自有差等。今如夷子之言。則是視其父母本無異於路人。但其施之之序姑自此始耳。非二本而何哉。然於先後之間猶知所擇。則又本心之明有終不得而息者。此其所以卒能受命而自覺其非也。問愛無差等。夷子既知此說。便當一親踈合貴賤方得。今却曰施由親始。則是又將親踈對待而言。豈非吾之愛又有差等也哉。其辭牴牾。信乎其遁而窮矣。朱子曰。夷之所說愛無差等。此其大病。其言施由親始。雖若粗有差別。然亦是施。此無差等之愛耳。故孟子但責其二本。而不論其下句之自相矛盾也。夷之所以卒能感動而自知其非。蓋因下文極言非爲人泚之所心。有以切中其病耳。此是緊要處。當着眼目。○施由親始一句。乃是夷子臨時撰出來湊孟子。却不知愛無差等一句已自不是了。他所謂施由親始。便是把愛無差等之心施之。然把愛人之心推來愛親。是甚道理。○人之有愛本由親立。推而及物自有等級。今夷子先以愛無差等而施之則由親始。此夷子所以二本。○事他人之親如己之親。則是兩箇一樣重了。如一木有兩根也○愛無差等何止二本。蓋千萬本也。○問夷子學於墨矣。而必推其說以求合於儒何也。曰。天下之理其本有正而無邪。其始有順而無逆。故天下之勢正而順者常重。而無待於外。邪而逆者常輕。而不得不資諸人。此理勢之必然也。胡不以近世之佛學觀之。吾所以拒彼者至矣。彼未嘗不求自附於吾儒。蓋不如是則尤反側而無以自安也。其理之悖。說之窮。於此亦可槩見。惜世無孟子。無能因其所明以誘之者。是以卒於漂蕩而不反也。○慶源輔氏曰。書曰。立愛惟親。記曰。立愛自親始。蓋愛必始於愛親。因事親以立其愛。即所謂孝弟爲仁之本也。然後推以及民及物。自有差等輕重。此仁義所以相爲用也。夷子雖陷於墨教。而其天理一點之明。終有不可息滅者。此蓋秉彝之心也。故其先親後疎之際。猶知所擇而不至於逆施。故孟子之言。得因所明而入之。夷子亦得因其明而受之也。○雙峯饒氏曰。夷之引若保赤子來證愛無差等。孟子謂其差認了此句意。彼有取爾也。是説周書別有所取譬也。下二句却解周書本意。又曰。一本便有厚薄。如木然。根幹枝葉自有大小次第。二本則天下皆是父、母。無分根幹枝葉了。蓋親親而仁民。仁民而愛物。各有差等不同。夷子不識。以爲愛無差等。○雲峯胡氏曰。本文云使之一本而集註以自然之理釋之。蓋纔謂之使。便似涉於人爲。今曰天使之。則莫之爲而爲。故人物之生。萬有不齊。無不一本而生者。若使之然。莫非自然。是之謂天。夷子二本。非天矣。集註後節釋掩之誠是也。以爲若所當然。正與此自然二字相應。蓋凡人事之所當然者。即本於天理之自然者也。

蓋上世嘗有不葬其親者。其親死則舉而委之於壑。他日

過之狐狸食之蠅蚋姑嘬之其顙有泚睨而不視夫泚也

非爲人泚中心達於面目蓋歸反虆梩而掩之掩之誠是

也則孝子仁人之掩其親亦必有道矣蚋音汭嘬楚怪反泚七禮反睨音詣爲去聲虆力追反梩力知反

因夷子厚葬其親而言此以深明一本之意上世謂太古也委棄也壑山水所趨也蚋蚊屬姑語助聲或曰螻音婁蛄音姑也嘬攢徂官反共食之也顙額也泚泚然汗出之貌睨邪視也視正視也不能不視而又不忍正視哀痛迫切不能爲心之甚也非爲人泚言非爲他人見之而然也所謂一本者於此見之尤爲親切蓋惟至親故如

此。在他人則雖有不忍之心。而其哀痛迫切不至若此之甚矣。反。覆也。虆。土籠。（盧紅反）也。梩。土轝。（音預）也。於是歸而掩覆（敷救反）其親之尸。此葬埋之禮所由起也。此掩其親者若所當然。則孝子仁人所以掩其親者必有其道而不以薄爲貴矣。慶源輔氏曰。此又孟子畧其遁辭。而專以其良心之發有不容已處深明夫惟一本。故其於親之喪。哀痛迫切非他人之所可得同者。而因以見先王所制葬埋之禮。必誠必信勿之有悔者固皆自然之理。而墨子二本薄葬之説。爲杜撰安作而不可行也。○雙峯饒氏曰。厚葬其親。發於其心之不能自已。這便是夷子求見孟子之萌芽。孟子就舉上世不葬其親之説。亦見得發於不容已。蓋上世不葬其親。這一人於心有所不安却掩之。葬親之事自此始。若以爲掩得是。則孝子仁人之掩其親。亦必自有箇道理。以此觀之。則厚葬其親自有不容已者。葬其親厚。則愛無差等之説不攻自破矣。集註若所當然四字。説掩之誠是

一句佳

徐子以告夷子。夷子憮然爲間曰。命之矣憮音武間如字

憮然。茫然自失之貌。爲間者。有頃之間也。命。猶教也。言孟子已教我矣。朱子曰。之字夷子名。若作虛字。不成句法蓋因其本心之明以攻其所學之蔽。是以吾之言易去聲下同入。而彼之惑易解也慶源輔氏曰。孟子因夷之本心之明而入之。得易納約自牖之義。○雲峯胡氏曰。夷子之學墨非也。而葬其親厚。此一厚字。猶是夷子行得是處。愛無差等施由親始。夷子之所言非也。然此一始字。猶是夷子說得是處。所以可因其本心之明而教之也。○新安陳氏曰。驗人性之本善。於此章尤可見焉

孟子集註大全卷之六

滕文公章句下

凡十章勿軒熊氏曰七章言出處之道二章言仁政一章言異端

陳代曰不見諸侯宜若小然今一見之大則以王小則以霸且志曰枉尺而直尋宜若可爲也王去聲

陳代孟子弟子也小謂小節也枉屈直伸也八尺曰尋枉尺直尋猶屈己一見諸侯而可以致王霸所屈者小所伸者大也南軒張氏曰謂屈己事小王霸爲大此自春秋以來風俗習於霸者計較功利之說而有是言○新安陳氏曰孟子平生以不見諸侯自守故以此爲問

孟子曰昔齊景公田招虞人以旌不至將殺之志士不忘

在溝壑。勇士不忘喪其元。孔子奚取焉。取非其招不往也。如不待其招而往。何哉。喪去聲

田獵也。虞人。守苑囿之吏也。招大夫以旌。招虞人以皮冠。左傳景公將殺虞人。虞人辭曰。臣不見皮冠。故不敢進元首也。志士固窮常念死無棺槨棄溝壑而不恨。勇士輕生常念戰鬭而死喪其首而不顧也。此二句乃孔子歎美虞人之言。夫音扶虞人招之不以其物。尚守死而不往。況君子豈可不待其招而自往見之邪。此以上是掌反告之以不可往見之意

朱子曰。不忘二字是活句。須向這裏參取。若果識得此意。辨得此心。則無入而不自得。而彼之權勢威力。亦皆無所施矣。○南軒張氏曰。虞人守官。義不敢往。義有重於死故也。使一有畏死之心。應非其招。則見利忘義矣。

自常情觀之。必重一死而以非其招爲細事。不知義之所在。事無巨細。苟愛一身之死而隳天命之正。則凡可以避死者無不爲。而弑父與君之所由生也。充虞人之心。行一不義而得天下不爲之心也。人紀之所由立也。是以夫子取之

且夫枉尺而直尋者。以利言也。如以利。則枉尋直尺而利。亦可爲與。夫音扶 與平聲

此以下正其所稱枉尺直尋之非。夫所謂枉小而所伸者大則爲之者。計其利耳。一有計利之心。則雖枉多伸少而有利。亦將爲之邪。甚言其不可也 和靖尹氏曰。有枉尺而直尋之心。則亦必至於枉尋而直尺矣。○朱子曰。援天下以道。若枉己便已枉道。則是已失援天下之具矣。更說甚事。自家身既已壞了。如何直人。天下事不可顧利害。凡人做事。多要趨利避害。不知纔有利。必有害。吾雖處得十

分利。有害隨在背後。不如且在理上求之○慶源輔氏曰。人一有計利之心。則惟利是務。始猶有枉小直大之辨。浸浸不已。其終併大小皆不復計。不至滅天理壞人紀。不止也。孟子所以極其流而言之

昔者趙簡子使王良與嬖奚乘。終日而不獲一禽。嬖奚反命曰。天下之賤工也。或以告王良。良曰。請復之。彊而後可。一朝而獲十禽。嬖奚反命曰。天下之良工也。簡子曰。我使掌與女乘。謂王良。良不可。曰。吾爲之範我馳驅。終日不獲一。爲之詭遇。一朝而獲十。詩云。不失其馳。舍矢如破。我不貫與小人乘。請辭。乘去聲。彊上聲。女音汝。爲去聲。舍上聲

趙簡子。晉大夫趙鞅於兩反也。王良。善御者也。嬖奚。簡子幸臣。與之乘。爲之御也。復之扶又反。再乘也。彊而後可。嬖

奚不肯竉之而後肯也。一朝自晨至食時也。掌專主也。範法度也。詭遇不正而與禽遇也。言奚不善射以法馳驅則不獲廢法詭遇而後中去聲下同也。詩小雅車攻之篇。言御者不失其馳驅之法而射者發矢皆中而力。今嬖奚不能也。貫習也。朱子曰詭遇是做人不當做底行險是徼人不敢做底○雙峯饒氏曰射者是驅禽獸來迎而射之。此禽當中來則可以正射若來得不正。則或當左或當右以射之。御者自有法度射者不過迎而射之則不中非關御者事。詭遇是詭道以遇禽獸射者不能迎而射之。而御者以詭遇則得中非射者之能乃御者之力也。又曰前引虞人明不可往見之意後引王良明不可枉尺直尋之意

御者且羞與射者比。比而得禽獸雖若丘陵弗爲也。如枉道而從彼何也。且子過矣。枉己者未有能直人者也。比必二反

比阿黨也。若丘陵，言多也。南軒張氏曰：事無巨細，莫不有義利之兩端存焉。曰比而得禽獸，雖若丘陵，弗爲也。學者要當立此志，而後可以守身。○或曰：居今之世，出處上聲去就，不必一一中去聲節。欲其一一中節，則道不得行矣。楊氏曰：何其不自重也。枉己，其能直人乎？古之人寧道之不行，而不輕其去就。是以孔孟雖在春秋戰國之時，而進必以正，以至終不得行而死也。使不恤其去就而可以行道，孔孟當先爲之矣。孔孟豈不欲道之行哉？慶源輔氏曰：欲道之行，仁也。進必以正，義也。仁義並行而不悖，所以爲聖賢。○新安陳氏曰：揚雄謂孔子見陽貨爲詘身以信道，龜山謂雄非知孔子者。道外無身，身外無道。身詘矣，而可以信道，吾未之信也。當即此意以讀孟子此章。竊謂陳代以不見諸侯爲小節，殊不知自君子觀之，守孰爲大？守身爲大。枉己從人，失身莫大焉。

不可以爲所屈者小也。枉己即是枉道。枉道決不能行道。所關之大如此。而可視爲小節乎。戒枉尋直尺而徇利。遏人欲也。守義而不枉道。存天理也。不見諸侯凡三章。此章一也。此篇第七章公孫丑曰。不見諸侯何義。二也。萬章下篇第七章萬章曰。敢問不見諸侯何義。三也。宜參觀之

○景春曰。公孫衍張儀豈不誠大丈夫哉。一怒而諸侯懼。安居而天下熄

景春人。姓名。公孫衍張儀皆魏人。怒則說音稅諸侯使相攻伐。故諸侯懼也。新安陳氏曰。二人皆破六國之從以爲衡者。熄。如火之熄滅。以兵猶火故也

孟子曰。是焉得爲大丈夫乎。子未學禮乎。丈夫之冠也。父命之。女子之嫁也。母命之。往送之門。戒之曰。往之女家。必

敬必戒無違夫子。以順爲正者，妾婦之道也。焉，於虔反。冠，去聲。女家之女，音汝。

加冠於首曰冠。去聲 女家，夫家也。婦人內夫家，以嫁爲歸也。夫子，夫也。女子從人，以順爲正道也。蓋言二子阿諛苟容，竊取權勢，乃妾婦順從之道耳，非丈夫之事也。雙峯饒氏曰：儀衍雖使得諸侯懼，不過順其欲耳。諸侯志在土地，二人從而投其所好，說之征伐以得土地，不過妾婦之事爾。丈夫且不可爲，況大丈夫乎

居天下之廣居，立天下之正位，行天下之大道。得志與民由之，不得志獨行其道。富貴不能淫，貧賤不能移，威武不能屈。此之謂大丈夫。

廣居仁也。正位禮也。大道義也。朱子曰。此心廓然無毫私意。直與天地同量。這便是居天下之廣居。便是居仁。到得自家立身。更無些子不當於理。這便是立天下之正位。便是立於禮。及推而見於事。更無些子不合於義。此便是行天下之大道。便是由義。論上面兩句。則居廣居是體。立正位是用。論下面兩句。則立正位是體。行大道是用。要之能居天下之廣居。自然能立天下之正位。行天下之大道。○居天字就心上說。立字就身上說。行字就施爲上說。又曰。止位就處身上說。大道就處事上說。廣居是不狹隘。以天下爲一家。中國爲一人。何廣如之。正位大道只是不偏曲。○雲峯胡氏曰。集註於三句雖平說。朱子廣居一句極重。仁者之心。以天地萬物爲一體。如廣居之內。何所不容。其所立所行。從可知矣。與民由之。推其所得於人也。由。謂與民共由此仁禮義也。所得亦即此三者獨行其道。守其所得於己也。道。即仁禮義之道淫蕩其心也。移變其節也。屈挫其志也。趙氏曰。富貴則求得欲從。故易至蕩其心。貧賤則居約處困。故易至變其節。遇威武又易至隕穫震懼。故多挫懾其志氣○何叔京名鎬昭武人曰。戰國之時。聖賢道否。
部鄙反天下不復扶又反見其德業之盛。但見姦巧之徒得
志橫行。氣焰以念反可畏。遂以爲大丈夫。不知由君子觀
之。是乃妾婦之道耳。何足道哉朱子曰。居廣居以下。惟集義養氣方到此地位。
富貴不能淫。貧賤不能移。威武不能屈。以浩然之氣對著他。便能如此。○觀孟子答景春之問。直是痛快。三復
令人胷次浩然。如濯江漢而暴秋陽也○問大丈夫之說。其詳可得聞乎。朱子曰。廓然大公。心不狹隘。則所居
者眞天下之廣居矣。履繩蹈矩。身不苟安。則所立者必天下之正位矣。秉彝循理。事不苟從。則所行者皆天下
之大道矣。得志與民由之。則出而推此於人也。不得志獨行其道。則退而樂此於己也。如是則富貴豈能誘而
淫其心。貧賤豈能撓而移其志。威武豈能脅而屈其節哉。此其視衍儀之以睢盱側媚得志於一時。眞可謂妾
婦之爲。而所謂大丈夫者。其不在彼而在此也決矣。然此數言者。皆以居廣居立正位行大道爲主。而夫三言

者。文以廣居爲主也。○南軒張氏曰。公孫衍張儀。持合從連衡之說。以動諸侯。景春徒見其言足以捭闔摇撼而遂以爲大丈夫。其說固爲陋矣。而孟子以衍與儀比妾婦之道者。蓋事君以弼違爲義。不當徇其欲也。衍與儀不知正救其心術。而徒探其意之所欲。爲以進其說。此何以異於妾婦之道。無違夫子以順爲正者乎。人受天地之中以生。與天地萬物本無有間。惟其私意自爲町畦而失其廣居。失其廣居則遷奪流蕩。亦無以立於正位而行其大道矣。與民由之。與共由乎此也。雖不得志。此道未嘗不由於己也。不能淫。不能淫此。不能移。不能屈。不能移此屈此也。此者何也。廣居正位大道是也。蓋得乎己。而外物舉不足以貳之也。所謂大丈夫者蓋如此。○雲峯胡氏曰。當時但見姦巧之人氣焰可畏。豈知聖賢剛大浩然之氣哉

○周霄問曰。古之君子仕乎。孟子曰。仕。傳曰。孔子三月無君則皇皇如也。出疆必載質。公明儀曰。古之人三月無君則弔。傳直戀反。質與贄同。下同

周霄魏人。無君謂不得仕而事君也。皇皇如有求而弗得之意。記曰。皇皇焉。如有求而弗得出疆謂失位而去國也。質所執以見人者。如士則執雉也。周禮春官。大宗伯以禽作六摯以等諸侯。孤執皮帛。卿執羔。大夫執鴈。士執雉。庶人執鶩。音木工商執雞。摯之爲言。至也。所執以自致也。亦作贄。皮帛者。束帛而表以爲之飾。皮。虎豹之皮。羔。小羊。取其羣而不失其類。鴈取其候時而行。雉取其守介而死不失其節。鶩取其不飛先。雞取其守時而動出疆載之者。將以見所適國之君而事之也

三月無君則弔。不以急乎

周霄問也。以。已通。太也。後章放此上聲

曰。士之失位也。猶諸侯之失國家也。禮曰。諸侯耕助以供粢盛。夫人蠶繅以爲衣服。犧牲不成。粢盛不潔。衣服不備。

不敢以祭。惟士無田則亦不祭。牲殺器皿衣服不備。不敢以祭。則不敢以宴。亦不足弔乎。盛音成。繰素刀反。皿武永反

禮曰。諸侯爲籍秦昔反百畝。冕而青紘。音宏躬秉耒以耕。而庶人助以終畝。收而藏之御廩。以供宗廟之粢盛。記。祭義。昔者天子爲籍千畝。冕而朱紘纓也躬秉耒。諸侯爲籍百畝。冕而青紘。躬秉耒。以事天地山川社稷先古。以爲醴酪粢音咨盛。於是乎取之。敬之至也。○周禮天官。甸師掌帥。其屬而耕耨王籍。以時入之。以共齍盛。王以孟春躬耕帝籍。天子三推。三公五推。卿諸侯九推。庶人終于畝。籍之爲言。借也。王一耕之而使庶人耘芋終之。齍盛。祭祀所用穀也。粢。稷也。穀以稷爲長。在器曰盛。○穀梁傳桓公十四年。天子親耕以供粢盛。王后親蠶以供祭服。甸粟而內。三宮。三宮米而藏之御廩。甸。甸師掌田之官也。三宮。三夫人也。宗廟之禮。君親割。夫人親舂之

使世婦蠶于公桑蠶室。奉繭古典反以示于君。遂獻于夫

人。夫人副褘音翬受之。繅三盆手。遂布于三宮世婦。使繅以爲黼黻音斧弗文章。周禮冬官考工記曰。青與赤謂之文。赤與白謂之章。白與黑謂之黼。黑與青謂之黻。五采備謂之繡。而服以祀先王先公。記祭義。古者天子諸侯必有公桑蠶室。近川而爲之。及大昕之朝。君皮弁素積。卜三宮之夫人世婦之吉者。使入蠶于蠶室。大昕季春朔日之朝也。諸侯三宮。半王后也。奉種浴于川。桑于公桑。風戾以食之。風戾之使露氣燥。乃以食蠶。蠶性惡濕。世婦卒蠶。奉繭以示于君。遂獻繭于夫人。夫人曰。此所以奉爲君服與。平聲遂副褘而受之。副褘王后之服。因少牢以禮之。及良日。夫人繅三盆手。三盆手者。三淹也。凡繅。每淹大總以手振之以出緒也。遂布于三宮夫人世婦之吉者。使繅。遂朱綠之。玄黃之。以爲黼黻文章。服既成。君服以祭先王先公。敬之至也。又曰。士有田則祭。無田則薦。記王制。大夫士宗廟之祭。有田則祭。無田則薦。庶人春薦韭。夏薦麥。秋薦黍。冬薦稻。有田者既祭又薦新。祭以首時。薦以仲月。黍稷曰粢。在器曰盛。牲殺牲必特殺也。皿。眉永反所以覆。敷救反器者。慶源輔氏曰。此先王之制。必如是然後能自盡其心。至於不得奉祭祀。則神不容以自安。而人亦以爲弔焉。古人之重祭祀也如此。○雙峯饒氏曰。三月無君則弔。恐是爲士先有位後失位者言之。畢竟子爲士。則祭以士。子爲大夫。則祭以大夫。尋常有祭。一旦失位而不得祭。一年有四時之祭。若失位三月。便廢一祭。故可弔之。弔其不得祭。非弔其不得君也。古人重祭祀故如此。不然。則如何三月無君便弔

出疆必載質。何也。

周霄問也。

曰。士之仕也。猶農夫之耕也。農夫豈爲出疆舍其耒耜哉。

曰。晉國亦仕國也。未嘗聞仕如此其急。仕如此其急也。君子之難仕。何也。曰。丈夫生而願爲之有室。女子生而願爲

之有家父母之心人皆有之不待父母之命媒妁之言鑽穴隙相窺踰墻相從則父母國人皆賤之古之人未嘗不欲仕也又惡不由其道不由其道而往者與鑽穴隙之類也爲去聲舍上聲妁音酌隙去逆反惡去聲

晉國解見形甸反首篇仕國謂君子遊宦之國霄意以孟子不見諸侯爲難仕故先問古之君子仕否然後言此以風去聲切之也男以女爲室女以男爲家妁亦媒也言爲父母者非不願其男女之有室家而亦惡其不由道蓋君子雖不潔身以亂倫而亦不徇利而忘義也慶源輔氏曰周霄亦頗有策士之風但孟子據道之極不爲其所動直述其義理以告之而已○士之仕猶男女之願有

室家者。此正理也。至於爲人男女而不待父母之命媒妁之言。鑽穴隙相窺。踰墻相從。則父母國人皆賤之。爲士而仕者。不循天理之正。不俟人君之招。屈己以徇利。枉道以事君。則爲聖賢之學皆賤之。直與兒女子相窺相從者無異。故君子之於仕。未嘗絜身以亂倫而長往不顧。亦未嘗徇利忘義而屈道以伸身也。○雲峯胡氏曰。集註末二句。與論語解不仕無義處語意同。而實有不同者。論語是從不仕無義處說來。故雖兩句而實一意。孟子是從古之人未嘗不欲仕也。又惡不由其道兩句說來。故兩句自是兩意。論語蓋謂夫子雖責隱者之不仕。而義之一字。雖仕亦有不可苟者。故集註謂君子雖不亂倫不仕。而其間亦非不義而仕。故下一非字。孟子謂既不可不仕。又惡不由其道。故下一不字。集註字字句句精審如此。學者當如此看

○彭更問曰。後車數十乘。從者數百人。以傳食於諸侯。不以泰乎。孟子曰。非其道。則一簞食不可受於人。如其道。則舜受堯之天下。不以爲泰。子以爲泰乎更平聲乘從皆去聲傳直戀反簞音

毋食音嗣

彭更孟子弟子也。泰，侈也。新安陳氏曰：孟子歷聘，徒御衆多，食於諸國，故更以爲泰陋矣。

曰：否。士無事而食，不可也。

言不以舜爲泰，但謂今之士無功而食人之食，則不可也。

曰：子不通功易事，以羨補不足，則農有餘粟，女有餘布。子如通之，則梓匠輪輿皆得食於子。於此有人焉，入則孝，出則悌，守先王之道，以待後之學者，而不得食於子。子何尊梓匠輪輿而輕爲仁義者哉？羨，延面反。

通功易事。謂通人之功而交易其事。羨。餘也。有餘言無所貿音茂易而積於無用也。梓人。匠人。木工也。輪人。輿人。車工也。新安陳氏曰。傳先王之道。雖未得行於當時。守先王之道。乃可以傳之來世。此其繼往聖開來學者有功於吾道甚大。孟子蓋自謂也。

曰。梓匠輪輿。其志將以求食也。君子之爲道也。其志亦將以求食與。曰。子何以其志爲哉。其有功於子。可食而食之矣。且子食志乎。食功乎。曰。食志。與平聲可食而食食志食功之食皆音嗣下同

孟子言自我而言。固不求食。自彼而言。凡有功者則當食音嗣之。南軒張氏曰。君子之志固不在食。而爲國者。知其有功則當食之。夫王者之祿夫人。爲有以賴其用而可祿耳。豈必以其志之欲而祿之哉。如以其志。是率天下而利也。

曰有人於此毀瓦畫墁其志將以求食也則子食之乎曰否曰然則子非食志也食功也墁武安反子食之食亦音嗣

墁墻壁之飾也毀瓦畫墁言無功而有害也既曰食功則以士爲無事而食者眞尊梓匠輪輿而輕爲仁義者矣雙峯饒氏曰當時功利之說盛不知聖道之有用見孟子所至之國時君稍見尊禮養其從者則以爲無事而食如王子墊問士何事不素餐兮皆是此意畢竟當時之君雖能養之而不能用之故時人有此疑然而當時諸侯尚知尊敬儒者如孔子之適衛孟子之仕齊皆有所養亦是先王之澤未泯○新安陳氏曰此章當與盡心上不素餐兮章參看君子居是國君用之則安富尊榮子弟從之則孝弟忠信縱未能爲當世開太平亦足以繼往聖之絕學而爲後世開太平其有功於道統者爲何如更等乃以無事而食議之抑何其無知也食志爲人上者不當言食功則功之大小輕重所當辨志可以觀人非所以食人專食志則志貪饕者皆得食

矣食功而不審其大小輕重則僅有功於器物者得以加諸有功於吾道者矣

○萬章問曰宋小國也今將行王政齊楚惡而伐之則如之何惡去聲

萬章孟子弟子宋王偃嘗滅滕伐薛敗齊楚魏之兵欲霸天下疑即此時也史記宋世家偃立爲君十一年自立爲王東敗齊取五城南敗楚取地三百里西敗魏軍乃與齊魏爲敵國盛血以韋囊懸而射之命曰射天淫於酒婦人群臣諫者輒射之於是諸侯皆曰桀宋宋其復爲紂所爲不可不誅告齊伐宋王偃四十七年齊湣王與魏楚伐宋殺王偃遂滅宋而三分其地

孟子曰湯居亳與葛爲鄰葛伯放而不祀湯使人問之曰何爲不祀曰無以供犧牲也湯使遺之牛羊葛伯食之又

不以祀。湯又使人問之曰。何爲不祀。曰無以供粢盛也。湯使亳衆往爲之耕。老弱饋食。葛伯帥其民要其有酒食黍稻者奪之。不授者殺之。有童子以黍肉餉。殺而奪之。書曰。葛伯仇餉。此之謂也。遺唯季反。盛音成。往爲之爲去聲。饋食酒食之食音嗣。要平聲。餉式亮反

葛國名。伯爵也。放而不祀。放縱無道不祀先祖也。亳衆。湯之民。其民。葛民也。授與也。餉亦饋也。書商書仲虺許偉反之誥也。仇餉。言與餉者爲仇也。朱子曰。書所謂葛伯仇餉。若非孟子之言。人孰知其曲折如此哉

爲其殺是童子而征之。四海之内皆曰。非富天下也。爲匹夫匹婦復讎也。爲去聲

非富天下言湯之心非以天下爲富而欲得之也

湯始征自葛載十一征而無敵於天下東面而征西夷怨南面而征北狄怨曰奚爲後我民之望之若大旱之望雨也歸市者弗止芸者不變誅其君弔其民如時雨降民大悅書曰徯我后后來其無罰

載亦始也十一征所征十一國也餘已見形甸反前篇新安陳氏曰此湯行王政而王之事也

有攸不爲臣東征綏厥士女匪厥玄黃紹我周王見休惟臣附于大邑周其君子實玄黃于匪以迎其君子其小人簞食壺漿以迎其小人救民於水火之中取其殘而已矣

食音嗣

按周書武成篇載武王之言。孟子約其文如此。然其辭時與今書文不類。今姑依此文解之。有所不爲臣，謂助紂爲惡而不爲周臣者。匪與篚同。玄黃，幣也。紹，繼也。猶言事也。言其士女以匪盛音成玄黃之幣，迎武王而事之也。商人而曰我周王，猶商書所謂我后也。休，美也。言武王能順天休命，而事之者皆見休也。臣附歸服也。孟子又釋其意，言商人聞周師之來，各以其類相迎者，以武王能救民於水火之中，取其殘民者誅之，而不爲暴虐耳。君子謂在位之人。小人謂細民也

太誓曰我武惟揚侵于之疆則取于殘殺伐用張于湯有光

太誓周書也今書文亦小異言武王威武奮揚侵彼紂之疆界取其殘賊而殺伐之功因以張大比於湯之伐桀又有光焉引此以證上文取其殘之義新安陳氏曰此武王行王政而王之事也

不行王政云爾苟行王政四海之內皆舉首而望之欲以爲君齊楚雖大何畏焉

宋實不能行王政後果爲齊所滅王偃走死○尹氏曰爲國者能自治而得民心則天下皆將歸往之恨其征

伐之不早也。尚何彊國之足畏哉。苟不自治。而以彊弱

之埶言之。是可畏而已矣。慶源輔氏曰。尹氏說盡後世爲國而不自彊。但以彊大爲畏者之病。誠能反是道而求之於己。則知仁者之果無敵。而帝王之道。是誠在我而已。○問趙氏註修德無小暴慢無彊。晁補之曰。修德無小。能修德則小可大。暴慢無彊。遇修德則彊必弱。

○孟子謂戴不勝曰。子欲子之王之善與。我明告子。有楚大夫於此。欲其子之齊語也。則使齊人傅諸。使楚人傅諸。曰。使齊人傅之。曰。一齊人傅之。衆楚人咻之。雖日撻而求其齊也。不可得矣。引而置之莊嶽之閒數年。雖日撻而求其楚。亦不可得矣。與平聲　咻音休

戴不勝。宋臣也。齊語。齊人語也。傅。教也。咻。讙也。齊。齊語

也。莊嶽，齊街里名也。楚，楚語也。此先設譬以曉之也。

子謂薛居州善士也，使之居於王所。在於王所者，長幼卑尊皆薛居州也，王誰與爲不善？在王所者，長幼卑尊皆非薛居州也，王誰與爲善？一薛居州，獨如宋王何？長，上聲。

居州，亦宋臣。言小人衆而君子獨，無以成正君之功。南軒張氏曰：衆君子之間置一小人，猶足以蔽主而敗類；一君子而遇衆小人，且不能安其身，如正君何？格君之任有孟子，而戴不勝不能知，他尚何望焉。○慶源輔氏曰：古之大臣欲正其君者，豈特取辦於一人而已哉？必也兼收並蓄，旁求廣取，使忠賢之士畢集于朝，在君之左右前後者無非正人端士，然後可以薰陶漸染，以變化其氣質，成就其德性，是豈獨欲趨事赴功而已哉。○雲峯胡氏曰：此篇言宋事者三章，正好通看。前章謂宋不行王政，後章不能十一去關市之征，見得實不能存王政。此章言小人衆而君子獨，見宋之所以不能行王政

也

○公孫丑問曰。不見諸侯何義。孟子曰。古者不爲臣不見。不爲臣。謂未仕於其國者也。此不見諸侯之義也

段干木踰垣而辟之。泄柳閉門而不內。是皆已甚。迫斯可以見矣。辟去聲。內與納同

段干木。魏文侯時人。泄柳。魯繆音目公時人。文侯繆公欲見此二人而二人不肯見之。蓋未爲臣也。已甚。過甚也。迫。謂求見之切也。慶源輔氏曰。士固當守義而不往見國君。如二君屈己求見。意已誠切。聖賢處此。必將出見。今拒絕之如此。則過甚而非義矣

陽貨欲見孔子而惡無禮。大夫有賜於士。不得受於其家。

則往拜其門。陽貨矙孔子之亡也，而饋孔子蒸豚。孔子亦矙其亡也，而往拜之。當是時，陽貨先，豈得不見？欲見之見音現，惡去聲，矙音勘。

此又引孔子之事，以明可見之節也。欲見孔子，欲召孔子來見己也。惡無禮，畏人以己爲無禮也。受於其家，對使去聲人拜受於家也。其門，大夫之門也。矙，窺也。陽貨於魯爲大夫，孔子爲士，故以此物及其不在而饋之，欲其來拜而見之也。先，謂先來加禮也。慶源輔氏曰：陽貨欲見孔子而惡無禮，雖小人，秉彝不可殄。貨既先來加禮於己，則己烏得而不答之。然貨之意則非誠矣，故但往答其禮而不欲見其人。是亦不屑之教誨也。天地之施與萬物者，豈有差忒哉。○新安陳氏曰：往答其禮，禮也；不欲見其人，義也。

曾子曰脅肩諂笑病于夏畦子路曰未同而言觀其色赧赧然非由之所知也由是觀之則君子之所養可知已矣

脅虛業反 赧奴簡反

脅肩竦音悚體諂笑彊上聲下同笑皆小人側媚之態也病勞也夏畦夏月治畦之人也言為此者其勞過於夏畦之人也未同而言與人未合而彊與之言也赧赧慙而面赤之貌由子路名言非己所知甚惡去聲之之辭也孟子言由此二言觀之則二子之所養可知必不肯不俟其禮之至而輒往見之也南軒張氏曰若不當往見而往見是苟賤以求合與脅肩諂笑未同而言者何以異○慶源輔氏曰曾子重厚篤實故視小人側媚之態如病于夏畦之人而深憐之子路剛

勇果決。故以未同而言赧赧其色者。爲非已所知而深惡之。二子所守如此。雖各因其資質然。亦是學力所就也

○此章言聖人禮義之中正。過之者傷於迫切而不洪。不及者淪於汚音烏賤而不恥汪氏廷直曰。君子所養。貴乎中而已。太剛則至於絕物。太柔則至於喪已。干木。泄柳。太剛者也。曾路所譏。太柔者也。孔子於貨之饋而往拜。則與太剛者異矣。拜之必瞯其亡。則與太柔者異矣。所以無可無不可而爲聖之時也。孟子前言二子之所行以明其過。後述曾路之所言以明其不及。中舉孔子之事以明聖人之用中。然則孟子之不見諸侯。守其分義之中而已○慶源輔氏曰。孔子之事。禮義之中正也。差以毫釐。則失之矣。干木泄柳則過乎禮義之中正矣。故傷於迫切而不洪。曾子子路之所言。則不及乎禮義之中正者。故淪於汚賤而可恥。此君子之行已。所以戰戰兢兢而唯恐有過不及之失也。然與其汚賤之可恥。寧失於迫切而不洪。段干泄柳。猶爲狷者也○雙峯饒氏曰。觀陽貨事則不特諸侯不可見。觀曾子子路之言。則不特不可往見。雖平交之人。亦不可彊與之言。蓋物不可以苟合○雲峯胡

氏曰。士尚志。傷於迫切者。量雖未洪。猶不失爲志之高。淪於汚賤者。其志甚卑。無足道矣

○戴盈之曰。什一。去關市之征。今玆未能。請輕之。以待來年。然後已。何如。去上聲

盈之。亦宋大夫也。什一。井田之法也。關市之征。商賈音古之稅也。已。止也

孟子曰。今有人日攘其鄰之雞者。或告之曰。是非君子之道。曰。請損之。月攘一雞。以待來年。然後已。攘如羊反

攘。物自來而取之也。損。減也

如知其非義。斯速已矣。何待來年

知義理之不可而不能速改。與月攘一雞何以異哉。南軒

張氏曰。君子之遠不義也。如惡惡臭。其不敢邇也。如探湯。其不敢須臾寧也。如坐塗炭。而其徙義也。如饑渴之於飲食。蓋見之之明。而決之之勇。以爲不如是則不足以自拔而自新也。士之持身。於改過遷善之際而爲盈之之說。則將終身汩沒於過失之中。人臣之謀國。於革弊復古之事而爲盈之之說。則終陷於因循苟且之域。故自修身至于治國。知仁勇之三德缺一不可也。知以知之。仁以行之。勇以決之。可不務哉。○慶源輔氏曰。天下事只有義利兩端。纔出義便以利言也。焉有兩存之理。若知義理之不可而猶有吝惜之意。不肯速改。則亦終歸於悠悠。必不能自拔而日新矣。○新安陳氏曰。請輕之。如減日攘爲月攘。不知其非義。不智也。知其非義而不速改。不勇也。不智之罪小。不勇之罪大

○公都子曰。外人皆稱夫子好辯。敢問何也。孟子曰。予豈好辯哉。予不得已也。天下之生久矣。一治一亂。好去聲下同治去聲

生。謂生民也。一治一亂。氣化盛衰。人事得失。反覆相尋。

理之常也。徽菴程氏曰。氣化在天者有盛有衰。盛焉而治。衰焉而亂也。事理在人者有得有失。得焉而治。失焉而亂也。治不生於治而生於亂。亂不生於亂而生於治。如環無端。此理之常。固無足恠。所貴乎聖賢之生斯世。亦惟以理御氣。庶幾反失而得。反衰而盛。反亂而歸於治焉耳。○雲峯胡氏曰。古今一治一亂。只是氣化人事反覆相尋於無窮。或氣化有盛衰。而人事之得失於是乎生。或人事有得失。而氣化之盛衰於是乎轉。反覆相尋。皆理之常也。○新安陳氏曰。學者當深察孟子所以不得已之心。下文詳之。章末又申言此二句以結之。豈惟孟子。凡聖賢出而任三才扶三綱。皆不得而已也。一治一亂。乃此章綱領。下文節節照應之

當堯之時。水逆行。氾濫於中國。蛇龍居之。民無所定。下者爲巢。上者爲營窟。書曰。洚水警余。洚水者。洪水也。洚音降。又胡貢胡工二反

水逆行。下流壅塞。故水倒流而旁溢也。下。下地。上。高地

也營窟穴處上聲也書虞書大禹謨也洚水洚胡貢反洞無

涯之水也警戒也此一亂也慶源輔氏曰此一亂純由乎氣化也○雲峯胡氏曰自開闢至于堯之時不知幾治亂斷自堯起有徵也洚水自繫乎氣化而曰警余未嘗不反而求諸人事也所以此一亂即轉而爲一治也

使禹治之禹掘地而注之海驅蛇龍而放之菹水由地中行江淮河漢是也險阻既遠鳥獸之害人者消然後人得平土而居之菹側魚反

掘地掘去上聲壅塞也菹澤生草者也地中兩涯之間也險阻謂水之氾濫也遠去也消除也此一治也慶源輔氏曰此一治氣化人事相參者也夫人與鳥獸亦相爲多寡蓋同稟於氣故也繁氣盛則正氣衰正氣多則繁氣少聖

人於其間有造化之用亦時焉而已○新安陳氏曰洪水乃治世之一亂禹反其亂而治之此禹之不得已於有爲者也

堯舜既没聖人之道衰暴君代作壞宮室以爲汙池民無所安息棄田以爲園囿使民不得衣食邪説暴行又作園囿汙池沛澤多而禽獸至及紂之身天下又大亂壞音怪行去聲下同沛蒲內反

暴君謂夏太康孔甲履癸商武乙之類也宮室民居也沛草木之所生也澤水所鍾也自堯舜没至此治亂非一及紂而又一大亂也慶源輔氏曰此一亂氣化人事相符者也自堯舜没其間夏太康至商武乙等暴君不一難以類數至紂而大敗極亂而無以復加矣故自掙至紂特言之想見夏桀之時亦

未必有飛廉等惡人與夫虎豹犀象之害也。○雙峯饒氏曰：暴行即上面壞宮室、棄田宅也。暴行通上下而言。必有邪說糊塗了箇理義，然後暴行始作。

周公相武王，誅紂伐奄，三年討其君，驅飛廉於海隅而戮之，滅國者五十，驅虎豹犀象而遠之，天下大悦。書曰：丕顯哉文王謨！丕承哉武王烈！佑啓我後人，咸以正無缺。相，去聲。奄，平聲。

奄，東方之國，助紂爲虐者也。鄒晉昭曰：奄，字書作鄣，古適用。衣檢、衣廉二反。說文衣檢反。註：周公所誅奄國。飛廉，紂幸臣也。五十國，皆紂黨虐民者也。書，周書君牙之篇。丕，大也。顯，明也。謨，謀也。承，繼也。烈，光也。佑，助也。啓，開也。缺，壞也。此一治也。慶源輔氏曰：此一治又氣化人事相參者也。舉書言文王武王謀謨之大。功業之光。所以佑助開迪夫後人者。莫非正大之道。周全盡美而無一毫缺壞之失也。蓋正可爲也。無缺爲難。無缺。謂禮樂刑政四達而不悖。三千三百之儀。與至誠無倚之道並立而不偏。凡所以正德利用厚生之具。無一之不備。防僞禁邪正慝之法。無一之或隳。夫然後可以爲無缺。至春秋時。則道墜于地而無復有存者矣。○趙氏曰。按奄國在淮夷之北。飛廉善走。以材力事紂。周武王伐紂。并殺之○新安陳氏曰。商末大亂。武王周公反其亂而治之。此武王周公之不得已於有爲者也

世衰道微。邪說暴行有作。臣弒其君者有之。子弒其父者有之。有作之有讀爲又。古字通用

此周室東遷之後又一亂也。慶源輔氏曰。此一亂。又氣化人事相符者也。前乎此者雖曰世亂。然但禽獸繁殖。有以戕民之生。而猶未至賊人之性。至此以後。則悖逆至傷壞人倫。將使人盡爲禽獸之歸。其禍又慘矣。此一亂又甚於前日。是亦氣化人事之使然也

孔子懼，作春秋。春秋，天子之事也。是故孔子曰：「知我者其惟春秋乎！罪我者其惟春秋乎！」

胡氏曰：胡氏名安國，字康侯，建安人。仲尼作春秋以寓王法，厚典、庸禮、命德、討罪，其大要皆天子之事也。新安倪氏曰：書皋陶謨篇云：「天敘有典，勅我五典五惇哉！天秩有禮，自我五禮有庸哉！同寅協恭和衷哉！天命有德，五服五章哉！天討有罪，五刑五用哉！政事懋哉懋哉！」書言天子治天下之事，孔子作春秋，其大旨正以明此治天下之事而爲後世法也。○惇典之惇，集註避宋光宗諱而以厚字代之。知孔子者，謂此書之作，遏人欲於橫流，存天理於既滅，爲去聲後世慮至深遠也。罪孔子者，以謂無其位而託二百四十二年南面之權，使亂臣賊子禁其欲而不得肆，則戚矣。愚謂孔子作春秋以討亂賊則致治之法垂於萬世是亦一治也問孔子作春秋。特載之空言。亂賊何緣便懼。恐未足以爲一治。朱子曰。非說當時便一治只是存得箇治法。使道理光明粲爛。有能舉而行之。爲治不難。當時史書掌於史官。想人不得見。孔子取而筆削之。而其義大明。孔子亦何嘗有意用某字使人知勸。用某字使人知懼。用某字有甚微詞奧義使人曉不得。足以褒貶榮辱人來。不過如今之史書直書其事。善惡瞭然在目。觀者知所勸懲。故亂臣賊子有所懼而不敢犯耳。○慶源輔氏曰。此一治。又純乎人事者也。雖氣化不應而不使孔子得位以撥亂而反之正。然討亂賊。垂治法。其功又大於舜禹矣。○潛室陳氏曰。此謂聖人以王法繩諸侯。所褒所貶。皆是奉行王法。此聖人大用。非孟子不能知。胡氏發明備矣。○雲峯胡氏曰。集註前言禹與周公之功。曰此一治也。此當時之治也。此言孔子春秋之功。曰此亦一治也。萬世之治也。○新安陳氏曰。孔子雖不能興治道於當時。而能垂治法於後世。蓋在當時倫紀亂矣。孔子欲反其亂而治之。此孔子之不得已於有言者也聖王不作。諸侯放恣。處士橫議。楊朱墨翟之言盈天下。天下之言。不歸楊則歸墨。楊氏爲我。是無君也。墨氏兼愛。是無父也。無父無君。是禽獸也。公明儀曰。庖有肥肉。廐有肥馬。民有饑色。野有餓莩。此率獸而食人也。楊墨之道不息。孔子之道不著。是邪說誣民。充塞仁義也。仁義充塞。則率獸食人。人將相食。橫爲皆去聲 莩皮表反

楊朱但知愛身而不復扶又反知有致身之義。故無君。墨子愛無差楚宜反等而視其至親無異衆人。故無父。無父無君。則人道滅絶。是亦禽獸而已。公明儀之言。義見形甸反首篇。充塞仁義。謂邪說徧滿。妨於仁義也。雲峯胡氏曰。不中則

曰橫議不正。則曰邪說孟子引儀之言以明楊墨道行則人皆無父無君以陷於禽獸而大亂將起是亦率獸食人而人又相食也此又一亂也朱子曰。楊墨只是差些子其末流遂至於無父無君。蓋楊氏見世人營營於名利埋沒其身而不自知故獨潔其身以自高。如荷蕢接輿之徒是也。然使人皆如此潔身而自高則天下事教誰理會。此便是無君也。墨氏見世間人自私自利不能及人故欲兼天下之人而盡愛之。然不知有一患難在君親則當先救之在他人則後救之。若不分先後則是待君親猶他人也。此便是無父此二者之所以爲禽獸也。○楊朱乃老子弟子其學專於爲己。列子云。伯成子高不拔一毛而利天下不爲其言曰。一毛安能利天下。使人人不拔一毛不利天下。則天下自治矣。○問墨氏兼愛何遽至於無父。曰。人也只孝得一箇父母那愛得許多。能養其父母無缺則已難矣。想得他之所以養父母者粗衣糲食必不能堪。蓋他既欲兼愛則愛父母必疎。其孝不周至。非無父而何哉。墨子尚儉惡樂所以說里號朝歌。墨子回車。想得是箇澹泊枯槁

底人。其事父母也可想見。○問率獸食人。亦深探其弊
而極言之。非眞有此事。曰。不然。卽他之道。便能如此。楊
氏自是箇退步愛身不理會事底人。墨氏兼愛又弄得
沒合殺。使天下倀倀然必至於大亂而後已。非率獸食
人而何。如東晉之清談。此便是楊氏之學。卽老莊之道。
少間百事廢弛。遂啓夷狄亂華。其禍豈不慘於洪水猛
獸之害。又如梁武帝事佛。至於社稷丘墟。亦其驗也。○
慶源輔氏曰。此一亂又氣化人事相符者也。聖人之道
非不愛身也。然有致身事君之義。有殺身成仁之時。故
不至於無君。非不愛物也。然親親而仁民。仁民而愛物。
有自然之序。故不至於無父。無君無父。則人道滅絕。又
將視弒父與君而不寘然不覺矣。是則人而反與禽獸無
異也。故引公明儀之說。以言楊墨遂行。則人皆無父無
君。安爲戕賊以陷於禽獸而大亂將起。是亦與公明儀
所謂率獸食人。人將相食者類矣。楊墨之道不息。則邪
說誣民。孔子之道不著。則充塞仁義也。此四句只是說
天理人欲不並立而已。所謂邪說徧滿妨於仁義者是
解邪說誣民充塞仁義兩句也。以徧滿字解充字。以妨
字解塞字。但不曾解誣民兩字耳。其實謂邪說誣罔天
下之人。其勢至於充盛窒塞人心固有之仁義。使不能

發也。夫仁義具於人心。而爲邪說所誣而充塞之。使不
能達於外。況能擴充之以全其量乎○西山眞氏曰。楊
朱自一身之外截然不恤。故其迹似乎義。墨翟於親踈
之間無乎不愛。故其迹似乎仁。殊不知天下之理本一
而分則殊。故君子親親而仁民。仁民而愛物。心無不溥
而其施有序。心無不溥則非爲我矣。其施有序則非兼
愛矣。楊朱專於爲我。則昧乎理之一。墨翟一於兼愛則
昧乎分之殊。若是而曰仁義。乃所以賊乎仁義也○雙
峯饒氏曰。墨氏無父之敎。便充塞了仁。楊氏無君之敎
便充塞了義。有仁義則天下治。無仁義則天下亂。今仁
義既充塞則亂將起而率
獸食人。人又將相食矣

吾爲此懼。閑先聖之道。距楊墨。放淫辭。邪說者不得作。作於其心。害於其事。作於其事。害於其政。聖人復起。不易吾言矣。爲去聲。復扶又反

閑。衛也。放。驅而遠去聲之也。作。起也。事。所行。政。大體也。○西山

眞氏曰事者政之目政者事之綱○雙峯饒氏曰無父無君乃楊墨之見於行事者少焉充塞仁義而至於率獸食人是害於其政了孟子雖不得志於時然楊墨之害自是滅息而君臣父子之道賴以不墜是亦一治也此乃孟子所以不得已而有言也○慶源輔氏曰此一治又純乎人事也雖氣化不應孟子亦不得志於時然因其言而異端滅息吾道至今得以不墜此孟氏之功所以不在禹下而亞於孔子也○雲峯胡氏曰前云此一治也周公之功與禹同此云是亦一治也孟子之功與夫子同程子曰楊墨之害甚於申韓佛老之害甚於楊墨此就當時之異端言蓋楊氏爲去聲下同我疑於義墨氏兼愛疑於仁申韓則淺陋易去聲見史記申不害故鄭之賤臣學本於黃老而主刑名著書二篇號曰申子○韓非者韓之諸公子也喜刑名法術之學而其歸本於黃老善著書與李斯俱事荀卿斯自以爲不如非故孟子止闢楊墨爲其惑世之甚也

佛氏之言近理文非楊墨之比所以爲害尤甚問墨氏兼愛疑於仁。此易見。楊氏爲我。何以疑於義。朱子曰。楊朱看來不似義。他全是老子之學。只是箇逍遥物外僅足其身不屑世務之人。只是他自愛其身界限齊整不相侵越微似義耳。然終不似也。又曰。楊墨只是硬恁地做。佛氏最有精微動得人處○雙峯饒氏曰。前言生於其心害於其政。發於其政。害於其事。此言作於其心。害於其事。作於其事。害於其政。亦各有意。前言畢竟政是大體事是小節。今既生於其心。則必害於大體。既害於大體。則少焉於那小節都壞了

昔者禹抑洪水而天下平。周公兼夷狄驅猛獸而百姓寧。孔子成春秋而亂臣賊子懼

抑。止也。兼。幷去聲之也。總結上文也西山眞氏曰。三聖事雖不同。而其救天下之患。立生民之極。則一也

詩云戎狄是膺荆舒是懲則莫我敢承無父無君是周公所膺也

說見形甸反下解見音同上篇承當也雙峯饒氏曰孟子所以引戎狄荆舒者以楊墨乃夷狄之教也

我亦欲正人心息邪說距詖行放淫辭以承三聖者豈好辯哉予不得已也行好皆去聲

詖淫解見前篇辭者說之詳也承繼也三聖禹周公孔子也蓋邪說橫流壞音恠人心術甚於洪水猛獸之災慘於夷狄篡弒之禍故孟子深懼而力救之再言豈好辯哉予不得已也所以深致意焉然非知道之君子孰能

眞知其所以不得已之故哉朱子曰。當時如縱橫刑名之徒。孟子都不管他。蓋他只害得箇麤底。若楊墨。則害了人心。須著與之辯也。然孟子於當時。只在私下恁地說。所謂楊墨之徒也。未怕他。到後世。却因其言而知聖人之道爲是。知異端之學爲非。乃是孟子有功於後世耳。○問孟子欲息邪距詖。而必以正人心爲先。何也。曰。此探本之言也。以聖道不明。人心不正。而邪說得以乘間入之也。曰。然則亦明聖道以正人心而已。何必爲此紛紛而涉好辯之嫌乎。曰。邪說旣入。則人心益以不正。聖道益以不明矣。此又其末之不可不理者也。故孟子道性善。稱堯舜。必使天下曉然知仁義之所在者。此所以正人心而爲息邪距詖之本也。排爲我。斥兼愛。必使天下曉然知邪詖之不可由者。此所以息邪距詖而爲正人心之用也。蓋其體用不偏。首尾相應如此。然後足以撥亂世而反之正。此所以雖得其本。而不免於多言也。然豈其心之所好哉。亦畏天命。悲人窮。不得已而然耳。昔湯伐桀曰。予畏上帝。不敢不正。武王伐紂曰。予弗順天。厥罪惟鈞。夫豈好戰哉。孟子之心。亦若此而已矣。豈得以好辯之小嫌。而遂輟不言哉。○慶源輔氏曰。重言豈好辯哉。予不得已也。

此又深致其意者。欲人之察其心。而知邪說之眞可畏也。○問邪說詖行如何分。雙峯饒氏曰。說旣邪辟。其行必偏詖。其辭愈見淫蕩。詖行淫辭自邪說上來。放者放發距絕。○雲峯胡氏曰。洪水猛獸之災由氣化。夷狄篡弑之禍由人事。邪說爲人心之害。則有甚於此者矣。人之本心未嘗不正。爲邪說所害。易淪胥於不正。故孟子之辯。拳拳欲正人心。其仕也。亦必先於正君心。○新安陳氏曰。洪水猛獸夷狄篡弑。皆災禍之害人身者。惟有於一時。若邪說。乃災禍之壞人心者。且流於無窮。而爲害尤甚慘。此孟子所以不得已而深排力救之也

能言距楊墨者聖人之徒也

言苟有能爲此距楊墨之說者。則其所趨正矣。雖未必知道。是亦聖人之徒也。孟子旣答公都子之問。而意有未盡。故復扶又反言此。蓋邪說害正。人人得而攻之。不必聖賢。如春秋之法。亂臣賊子。人人得而誅之。不必士師

也。慶源輔氏曰。此義自朱子發之。若朱子。則眞可謂以道自任者。故言此以詔天下。使天下人人存此心。則異端之說將無所容。而聖人之道不復有蔽蝕之者矣。豈小補哉。○孟子意謂自今以後。不待有知道者眞能息滅楊墨之害。然後可以繼聖人之事。但能爲說以距。則是亦聖人之徒矣。此可見自任之重。而望人之切也。○西山眞氏曰。所以勉天下學者。皆以闢異端。扶王道爲心。庶幾生人之類。不淪胥於禽獸也。聖人救世立法之意其切如此。若以此意推之。則不能攻討而又唱爲不必攻討之說者。其爲邪詖之徒。亂賊之黨。可知矣。朱子曰。出邪則入正。出正則入邪。二者之間。蓋不容髮。雖未知道。而能言距楊墨者。已是心術向正之人。所以聖人之徒許之。與春秋討賊之意同。○纔說道要距楊墨。便是聖人之徒。如人逐賊。有人見之。若說道賊當捉當誅。這便是主人邊人。若說道賊也可恕。這便喚做賊之黨。○不討亂賊而謂人勿討者。凶逆之黨也。不距楊墨而謂人勿距者。禽獸之徒也。聖賢立法之嚴。至於如此。可不畏哉。○新安陳氏曰。如解攻乎異端爲攻擊。闢先聖之道爲闢習。皆是不必攻討之說○尹氏曰。學者於是非之原。毫釐有差。則害流於生民。禍及於後世。故孟子辯邪說如是之嚴。而自以爲承三聖之功也。當是時方且以好辯目之。是以常人之心而度聖賢之心也。度待洛反○程子曰。大抵儒者潛心正道。不容有差。其始甚微。其終則不可救。如師也過。商也不及。於聖人中道。師只是過於厚些。商只是不及些。然而厚則漸至於兼愛。不及則便至於爲我。其過不及同出於儒者。其末遂至楊墨。至如楊墨。亦未至於無父無君。孟子推之便至於此。蓋其差必至於是也。○朱子曰。此段最好看。見諸聖賢遭時之變。各行其道。是這般時節。其所以正救之者。是這般樣子。這見得聖賢是甚麽樣大力量。恰似天地有缺齾處。得聖賢出來補教周全。過得稍久。又不免有缺。又得聖賢出來補這見聖賢是甚力量。直有闔闢乾坤之功。○新安陳氏曰。聖賢反世之亂而治之。達而在上。則見於有爲而治功見於當時。窮而在下。則不免於有言而治法垂於後世。

孔子曰。予欲無言。終不能無言也。作春秋以爲後法。猶未至於辯者。孔子之時。異端未熾。而孔子之聖。言教易孚故也。至孟子則時益降。異端益熾。而孟子之亞聖。又不及孔子。公孫丑萬章之徒。聞言猶未達。况於外人。則其闢楊墨。烏得而不言。言烏得而不辯。蓋有大不得已焉者。旣以不得已於辯者。自致其力。尤以能言距楊墨望凡爲吾徒者之同致其力焉。非朱子深知孟子之心。孰能發其精微之蘊如此哉。此章於古今世道。聖賢事業。關涉甚大。宜精察深思之。○東陽許氏曰。集註氣化盛衰。人事得失。反覆相尋。竊謂氣化盛。人事得。則天下治。氣化衰。人事失。則天下亂。是固然矣。然孟子此章答好辯之問。而孟子之辯專爲闢楊墨而發。則易亂爲治。全賴人事以補天道之不足。反氣化之衰而至於盛也。觀堯禹之治水。則以人事而回氣化。武王周公誅紂伐奄。孔子作春秋。則以人事而救衰失。所以孟子亦於衰失之時。闢楊墨以回氣化。正人事也。此正聖賢作用參天地贊化育之功。讀此章當如此會集註之意

○匡章曰。陳仲子豈不誠廉士哉。居於陵。三日不食。耳無

聞，目無見也。井上有李，螬食實者過半矣，匍匐往將食之，三咽，然後耳有聞，目有見。」於音烏，下於陵同。螬音曹。咽音宴。

匡章、陳仲子，皆齊人。廉，有分辨，不苟取也。於陵，地名。螬，蠐音齊螬，蟲也。匍匐，言無力不能行也。咽，吞也。

孟子曰：「於齊國之士，吾必以仲子為巨擘焉。雖然，仲子惡能廉？充仲子之操，則蚓而後可者也。擘，薄厄反。惡，平聲。蚓音引。

巨擘，大指也。言齊人中有仲子，如衆小指中有大指也。充，推而滿之也。操，去聲。所守也。蚓，丘蚓也。言仲子未得為廉也。必若滿其所守之志，則惟丘蚓之無求於世，然後可以為廉耳。慶源輔氏曰：齊俗奢侈放縱，當戰國時，士之傷廉者必多有之。此匡章所以推仲子

之廉而孟子亦以爲齊人之巨擘也

夫蚓上食槁壤下飲黃泉仲子所居之室伯夷之所築與抑亦盜跖之所築與所食之粟伯夷之所樹與抑亦盜跖之所樹與是未可知也夫音扶與平聲

槁壤乾土也黃泉濁水也抑發語辭也言蚓無求於人而自足而仲子不免居室食粟若所從來或有非義則是未能如蚓之廉也

曰是何傷哉彼身織屨妻辟纑以易之也辟音壁纑音盧

辟績也纑練麻也

曰仲子齊之世家也兄戴蓋祿萬鍾以兄之祿爲不義之

禄而不食也以兄之室爲不義之室而不居也辟兄離母處於於陵他日歸則有饋其兄生鵝者己頻顣曰惡用是鶃鶃者爲哉他日其母殺是鵝也與之食之其兄自外至曰是鶃鶃之肉也出而哇之蓋音閤辟音避頻與顰同顣與蹙同子六反惡平聲鶃魚乙反哇音蛙

世家世卿之家兄名戴食采音菜於蓋其入萬鍾也歸自於陵歸也己仲子也鶃鶃鵝聲也頻顣而言以其兄受饋爲不義也哇吐之也

以母則不食以妻則食之以兄之室則弗居以於陵則居之是尚爲能充其類也乎若仲子者蚓而後充其操者也

言仲子以母之食兄之室爲不義而不食不居其操去聲守如此。至於妻所易之粟於陵所居之室旣未必伯夷之所爲則亦不義之類耳。今仲子於此則不食不居於彼則食之居之豈爲能充滿其操守之類者乎。必其無求自足如丘蚓然乃爲能滿其志而得爲廉耳然豈人之所可爲哉○范氏曰。天之所生地之所養惟人爲大。記祭義。有人。則可參天地而爲三才。無人。則天地亦不能以自立矣人之所以爲大者以其有人倫也。仲子避兄離母無親戚君臣上下是無人倫也豈有無人倫而可以爲廉哉朱子曰。溫公謂口非之而身享之。一時之小嫌。狷者之不爲一身之小節。至於父子兄弟。乃人之大倫。天地之大義。一日去之。則禽獸夷狄。雖復謹小嫌。

守小節。亦將安所施哉。此孟子絶仲子之本意。余隱之云。仲子之兄非不友。孰使之避。仲子之母非不慈。孰使之離。愚謂政使不慈不友。亦無逃去之理。觀舜之爲法於天下者。則知之矣。○問温公謂以其兄不以道事君而得禄。不以道取於人而成室。故以爲不義。仲子誠非中行。亦狷者有所不爲也。曰。仲子齊世家。則禄室非其兄不義而得之矣。設果以不義得之。而非有悖逆作亂之大故。則母子兄弟之間。豈可以是遂滅天性之恩哉。飾小行以妨大倫。是乃欺世亂俗之尤。先王所誅而不以聽者也。所謂狷者。則亦言行之間。小過乎中而已。豈出於倫理之外若是其甚哉。○南軒張氏曰。仲子徒欲潔身以爲清。不知廢大倫之爲惡。原仲子本心。亦豈不知母子之性重於妻。兄之居愈於於陵乎。惟其私見所蔽。亂其倫類至此極也。衆人惑於其迹。以爲清苦高介而取之。非矣。世之貪冒爲惡者多矣。孟子於仲子獨闢之深者。世之爲惡者其失易見。而仲子之徒其過難知也。惟其難知。故可以惑世俗而禍仁義。反復闢之。蓋有以也夫。○慶源輔氏曰。以仲子之孤介自守。足以高於一世之俗矣。而孟子所以力闢之者。蓋世衰道微。學者大抵因其資質之偏。而固執一說。力行以取名。初不顧義理之如何。如告子。許行陳仲子之徒。皆是也。況如匡章者。既稱仲子爲廉而傾向之矣。此固以道自任者之所憂也。孟子烏得不排之哉。又曰。仲子之所守未必驗之他人。只自其身而推之。則已有不能自滿其志者。故孟子直以爲蚓而後能充其操。斥之。則仲子之行。是豈人之所能爲哉。聖賢之道。充之則至於與天地同功。仲子之道。充之則至於與丘蚓同操。是豈人理也哉。○雙峯饒氏曰。不要問所從來。只當思量我當食兄之祿與居兄之室否。若問所從來。則室與粟。豈必伯夷所築所樹。如諸侯之取人猶禦。然既交以道。接以禮。則孔子受之矣。○或曰。匡章亦黜妻屏子者。故喜仲子孤介之行。新安陳氏曰。不然。匡章以父爲重。故視妻子爲輕。仲子反視母兄爲輕。而於妻則反食。孟子矜匡章而非仲子。有以也。此章當參看盡心上篇。仲子不義與之齊國而不受。下文云以其小者信其大者。奚可哉。斷盡其人

孟子集註大全卷之六